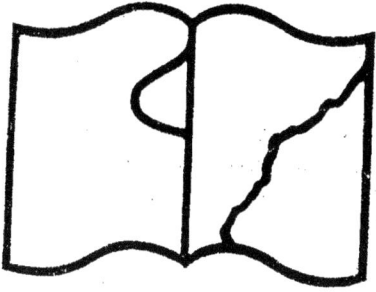

Couvertures supérieure et inférieure
détériorées

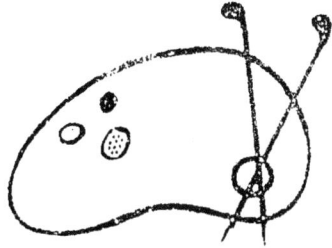

Début d'une série de documents
en couleur

AVENTURES ET VOYAGES

LOUIS NOIR

LE

COUPEUR
DE TÊTES

TOME III

25 CENTIMES

LIBRAIRIE DES PUBLICATIONS
à 5 centimes
84, RUE DE LA MONTAGNE-SAINTE-GENEVIÈVE, 84
PARIS

30 Centimes le volume rendu franco dans toute la France
et les pays compris dans l'Union postale.

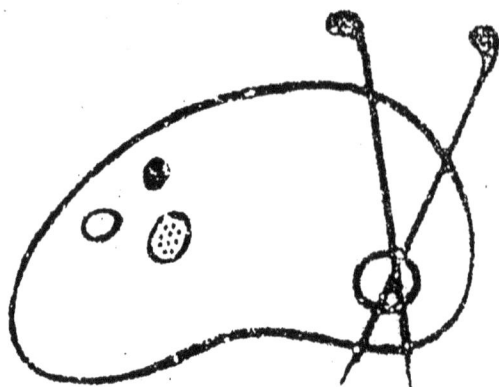

Fin d'une série de documents
en couleur

PETITE BIBLIOTHÈQUE UNIVERSELLE

LE
COUPEUR DE TÊTES

PAR

Louis NOIR

—

TOME TROISIÈME

PARIS
LIBRAIRIE DES PUBLICATIONS A 5 CENTIMES
42, RUE JACOB, 42

LE

COUPEUR DE TÊTES

Première partie.

(SUITE)

XXIII

En mer.

(Suite.)

— Tiens ! farceur, dit le colonel.

Le zouave serra la pièce dans sa ceinture, fit un geste intraduisible qui voulait dire : merci, je suis joyeux, on vous le revaudra.

Puis il bondit sur le pont sans passer par l'échelle, et courut à la cantine.

— Drôles de corps, ces zouaves ! fit le général.

— Malins comme des singes, enfants parfois, fiers et bons diables! Ça regarde un chef comme un père, et ça lui carotte un napoléon, quitte à refuser, par orgueil, cent francs d'un bourgeois qu'ils ont obligé.

La marquise écoutait radieuse.

— Général, demanda t-elle, je suis femme et j'ai presque le droit d'être indiscrète.

— Certainement, madame.

— Je désirerais savoir de qui vous parliez?

— D'un de nos amis, madame.

— Il vous fuit?

— Oui, madame.

— Vous n'en savez pas le motif?

— Hélas non, et nous le cherchons.

Le colonel observa :

— Mais, général, comme vous le disiez, nous nous trompons peut-être, après tout.

— Pouvez-vous me dire le nom de cet ami? demanda la marquise avec persistance.

— C'est le rival du fameux tueur de lions, Jules Gérard, et du non moins fameux tueur de panthères, Bombonel, de Juarez, le célèbre chasseur qui fut l'ami de Jacques-la-Hache, et qui rasa vingt ksours au désert.

— Mais, monsieur, ceci ne me dit pas son nom.

— Le comte Raoul de Lavery, madame.

La marquise s'y attendait; elle laissa néanmoins tomber son éventail, tant sa main tremblait.

— Le connaîtriez-vous, madame? demanda le colonel en lui rendant l'éventail.

— Mon mari, je crois, a eu quelques relations avec lui; moi, je l'ai fort peu vu.

— Saviez-vous de quelle immense et glorieuse renommée il jouit en Afrique?

— Non, général.

— Eh bien, madame, vous avez vu l'homme le plus extraordinaire, peut être, de notre époque.

— Vraiment!

— Oh! oui, madame, appuya le colonel.

— Je regrette de l'apprendre si tard. Bonsoir, messieurs.

Et elle redescendit au salon.

Là, par un garçon, elle envoya chercher Lisa, qu'elle attendit dans sa cabine.

La négresse vint.

— Monsieur Georges, lui dit-elle, en t'amenant vers moi, m'a promis que tu m'obéirais.

— Oui, maîtresse.

— Tu es prête à faire ce que je te dirai?

— J'aime maîtresse; je me jetterais à l'eau pour elle.

— Alors tu vas, au lieu ne te jeter à l'eau, remonter là-haut; tu verras un homme couché à l'avant; il dort sous une couverture; il est seul près du grand mât.

— Bien, maîtresse, je sais de qui tu parles.

— Tu l'as remarqué?

— Oui, maîtresse; il semblait m'éviter pendant cette après-midi.

— Tu feras semblant de tomber sur lui; tu dérangeras sa couverture, et tu me diras si tu le connais.

— Maîtresse, attends minuit; l'homme dormira; je le regarderai sans l'éveiller.

— Tu crois réussir.

— Toutes les nuits je viens te voir, et quand ta tête est tournée vers le mur, je te fais changer de place pour te regarder sans que tu t'éveilles; nous autres nègres, avons des secrets pour cela.

— Tu m'aimes donc bien? fit la marquise étonnée.

— Oh! oui, va, maîtresse. Comme si tu étais ma mère, ma fille, mon frère, mon père et ma sœur.

— Pauvre petite.

La marquise lui tendit ses deux mains qu'elle lécha plutôt qu'elle ne les baisa.

— Tu reviendras, n'oublie pas.

— Oui, maîtresse.

La marquise était frémissante d'impatience ; mais elle ne voulait pas se compromettre et comptait sur l'adresse de Lisa ; elle préféra attendre.

Mais elle ne tint pas en place.

Etait-ce lui ?

Question brûlante pour elle.

Après tout, que résulterait-il de sa découverte ?

Elle n'en savait rien elle-même.

XXIV

Point noir à l'horizon.

Elle fut dire deux mots au marquis.

— On le prétend ici, dit-elle.

— Qui? fit le vieux gentilhomme.

— Raoul.

— Le comte?

— Oui, je voulais dire le comte.

Cette conversation avait lieu au salon, à voix basse; le marquis jugea plus prudent de conduire sa femme à sa cabine.

— Voyons, chère belle, demanda-t-il, que me contez-vous là? Il serait à bord!

— On s'en doute, du moins.

Et elle conta ce qui s'était passé.

— Mignonne, dit le marquis, vous êtes bien agitée et je comprends cela; vous avoir vue, être près de vous et ne pas venir vous rendre ses hommages, c'est impardonnable, n'est-ce pas?

— Mon Dieu, fit la jeune femme, vous

vous méprenez; je ne voulais que vous
prévenir.

Et avec éclat.

— Que me fait à moi la présence ou l'é-
loignement de M. de Lavery.

— Quoi! du dédain pour un si charmant
garçon?

— Mais non: de l'indifférence.

Le marquit sourit :

— Mignonne, dit-il, j'ai entendu souvent
parler l'indifférence; je vous jure qu'elle n'a
pas votre accent.

— Enfin, monsieur, je voulais vous faire
savoir tout simplement que votre ami...

— Notre ami...

— Soit, notre ami était à bord.

— Et puis, chère belle ?

— Que j'avais parlé de lui à deux officiers qui peuvent vous en toucher deux
mots.

— Bien, bien.

— Que j'ai dit l'avoir peu vu.

— Très bien.

— Que vous le connaissiez mieux que
moi. Voilà, monsieur, voilà tout ce que je
tenais à vous faire savoir.

— Quel courroux, chère Marie!

— Vos demi-mots m'exaspèrent.

— Oh ! vous avez grand tort !

Et le marquis baisa sa femme au front.

— Je tâcherai de savoir, lui dit-il galamment, et je vous dirai tout.

Elle fut désarmée et lui sourit.

Ils restèrent au salon.

On causait haut.

Les garçons fermaient les sabords, on assujettissait les meubles et les lampes.

— Il va venter dur ! disait un commerçant d'Alger. Diable de mistral, va.

— Qu'y a-t-il donc ? demanda la marquise en pâlissant tout à coup.

— Rien, un coup de vent ! dit M. de Nunez. Chaque nuit il s'élève une petite brise.

Tout le monde comprit que ce mari voulait rassurer sa femme.

— C'est vrai, fit le colon algérien ; mais ça ne laisse pas d'être désagréable ; je suis très femmelette, moi, je l'avoue à ma honte, et un rien m'indispose.

Le marquis remercia d'un sourire.

Il remarqua que le capitaine était monté sur le pont et que les figures exprimaient l'inquiétude.

— Allons, pensa-t-il, nous sommes sérieusement menacés, je vois des visages bouleversés.

Peu à peu les hommes quittaient le salon.

— Ma toute belle, dit M. de Nunez, vous feriez bien de rentrer dans votre cabine.

— C'est donc sérieux?

— On ne peut plus sérieux, fit le marquis avec enjouement; le mal de mer rend une femme très laide et met un chacun dans une position grotesque.

— Envoyez-moi Lisa, alors.

— Elle va vous rejoindre.

— Quel contre-temps, la journée était si belle !

— Bah ! un peu de roulis cette nuit, et demain il n'y paraîtra plus.

— Je me sauve ; je ne voudrais pas être indisposée ici ; ce serait ridicule.

— Vous avez bien raison.

— Pourquoi faut-il que le vent s'élève?

— Ah ! chère amie, la fortune, les femmes et les flots sont changeants.

Madame de Numez se retira en riant de la réflexion.

Cependant le capitaine était monté sur le pont où tout le monde pâlissait d'effroi.

Le feu avait pris au navire.

Il arrive souvent que la provision de houille d'un vapeur s'enflamme spontanément.

La houille mouillée dégage des gaz qui s'embrasent à une température de quarante degrés et qui contribuent à la produire ; le feu couve longtemps, puis éclate soudain avec une intensité inouïe dès qu'il est mis en contact avec l'air extérieur.

On ne peut l'éteindre avec des pompes.

L'eau ne servirait qu'à activer le dégagement des vapeurs combustibles, et à augmenter la puissance de l'incendie ; on n'a d'autre ressource que de boucher hermétiquement tous les orifices de la soute, et l'on parvient ainsi parfois à étouffer le feu ; mais, plus souvent, il va grandissant, s'étendant, rongeant les planchers qui l'arrêtent et finissant par envahir le bâtiment tout entier.

Les officiers supérieurs tenaient avec le commandant du bord une sorte de conseil.

— Il est onze heures, disait le général, retournons vers Marseille ; nous n'en sommes pas loin.

— C'est vrai ! en temps ordinaire, je n'hésiterai pas où je cinglerais sur Barcelone ; mais pour le moment c'est malheureusement impossible.

— Pourquoi donc ?

— Tenez, messieurs, à vous soldats, je n'hésite pas à l'avouer, parce que je compte sur votre concours pour le moment du danger, et que je dois vous le montrer tout entier.

— Inutile de vous dire que nous vous aiderons jusqu'au bout.

— Merci, messieurs. Voici la situation.

Le commandant montra le ciel.

— Devant nous, vers l'Algérie, le ciel est bleu, limpide, brillant d'étoiles, n'est-ce pas?

— C'est vrai.

— Au desssus de nous, il est laiteux?

— Oui.

— Puis, vers Marseille, par teintes successives il devient noir et menaçant?

— Oh! noir comme encre.

— Eh bien! messieurs, ceci n'est pas un grain, malheureusement, un coup de vent passager; c'est une tempête amenée par le vent du nord; le mistral!

— Il choisit mal son moment.

— Oh! oui, bien mal!

— Ne serait-ce pas raison de plus pour retourner nous abriter au plus vite, capitaine?

— Hélas! non; jamais, malgré la vapeur, malgré tous nos efforts, nous ne pourrions aller contre ce vent maudit, dont la puissance est incalculable.

— Diable ! diable !

— Le mieux est de filer devant lui, en lui livrant le plus de toile possible que les mâts en supporteront, nous aidant de la machine pour gagner en vitesse ; j'estime qu'avec une poussée pareille, nous arriverons peut-être sur les côtes d'Afrique avant que le feu ne nous ait brûlé notre coque.

— C'est là tout votre espoir ?

— Hélas ! oui.

— Capitaine, nous sommes flambés !

— Non, fumés ! dit le général.

— Ne riez pas, messieurs, c'est trop grave.

— Ma foi, tant pis, au bout le bout ; nous autres soldats, nous prenons gaiement la mort.

— On voit qu'aucune responsabilité ne pèse sur vous ; ma vie n'est rien ; mais tous ces passagers qui sont là et qui vont peut-être mourir avec moi !

— C'est triste ! firent les officiers.

— Organisons-nous, dit le capitaine.

— Volontiers ! Que faire ?

— J'ai déjà fait rentrer les femmes aux

cabines, et je les fais garder par un matelot.

— Bien.

— Vous devriez rassembler vos soldats,
leur révéler une partie du danger, les en-
courager à travailler avec nos matelots pour
la confection du radeau.

— Et les barques ?

— Je n'y ai point grande confiance. Un
radeau garni de barriques ne sombre jamais.

— Parfait, parfait ; nous allons suivre vos
conseils.

Et les deux officiers descendirent sur le
pont.

Les colons et les soldats se rassemblè-
rent sans appel, et comme par instinct, autour des chefs.

— Mes camarades, dit le général, nous
sommes *f*...!

— De quoi, de quoi, f..... ! dit le zouave
aux vingt francs ; on en a vu d'autres.

— Toi, dit le général, tu auras quatre
jours de salle de police en arrivant à Oran,
pour te permettre de m'interrompre au milieu d'une phrase.

Et avec un beau sang-froid :

— Vous noterez cela, colonel.

— Oui, général.

— Je reprends et continue ma phrase :

« ....Nous sommes f....., si vous ne montrez pas de l'énergie et du cœur à l'ouvrage.

— On en aura, général.

— J'y compte. Voici un timonier qui va prendre votre commandement ; obéissez-lui.

— Oui, général.

— Et, dans trois ou quatre jours, on débarquera tranquillement sur la côte d'Afrique, je vous en réponds.

— Hourrah ! Vive le général !

Colons et soldats se mirent à l'œuvre.

Cependant la marquise attendait minuit avec une vive impatience.

L'heure vint.

Déjà le navire ressentait les effets du gros temps ; il se tourmentait sur l'eau.

— Il est l'heure, et Lisa ne paraît point, pensait la jeune femme que le malaise gagnait.

Elle voulut se lever.

Mais son indisposition s'aggravant subitement, les objets tournèrent autour d'elle, sa vue se troubla, elle chancela, retomba sur son lit et y demeura.

Pendant une heure, des nausées violentes
la secouèrent; puis un abattement profond
la jeta dans un sommeil de plomb; pendant
qu'elle dormait, le drame devenait poignant
sur le pont du bâtiment.

XXV

L'incendie.

Et vers onze heures et demie, l'on éprouvait des secousses très violentes, et la houle était forte.

A minuit, les coups de vent, précurseurs de l'ouragan, se succédèrent de plus en plus rapides.

Vers une heure et demie, le mistral, le vrai mistral, s'abattit sur le navire avec fracas.

La mer, si douce quelques heures auparavant, se soulevait en lames déferlantes, battait avec rage les flancs du vapeur, s'élançait par-dessus les bordages et couvrait d'écume les travailleurs qui se hâtaient.

Le feu couvait toujours.

Les bondissements, causés par le tangage, faisaient danser la houille, remuant ses couches, propageant l'incendie; l'on sentait déjà sur le pont une chaleur lourde, une odeur suffocante se répandaient dans l'air.

Le capitaine avait conservé quelques voiles.

Vers deux heures la tempête redoubla.

Le foc fut emporté

Les vagues furieuses se déchaînaient avec une violence inouïe et parfois tourbillonnaient avec d'effroyables mugissements.

Le radeau était terminé.

Les travailleurs, attachant des câbles à ses extrémités, le lancèrent à la dérive.

Ce frêle esquif suivit le paquebot, dansant à l'arrière, tantôt dominant la dunette au sommet d'une montagne d'eau; tantôt perdu au fond d'un abîme liquide creusé sous la proue.

A trois heures, il devint évident que le moment solennel approchait.

Le faux pont, miné par le feu, s'écroula; l'entrepont fut envahi par la flamme; une fumée épaisse et des jets de flamme sortaient par les écoutilles.

Les femmes, rappelées sur l'arrière du bâtiment, pleuraient à chaudes larmes ou restaient muettes d'épouvante; des hommes s'étaient jetés à genoux.

Au milieu de la frayeur générale, quelques braves restaient impassibles.

De ce nombre le colonel et le général, tous les officiers du bord et les vieux matelots.

D'autres narguaient le danger.

Parmi eux, le zouave aux vingt francs.

— A-t-on bien fourni le radeau de vivres? demanda le colonel au timonier.

— Pour ça, soyez tranquille, fit une voix, celle du zouave; nous avons à *becqueter* et on pourra *pilancher* dur; c'est moi qui ai pris soin de la cave. Double ration à tout le monde en calculant sur quinze jours de radeau, et « Allez-y Jeannette, à la fête à Poissy. » On va s'en payer tout le temps; le rhum à flots et le cognac à indiscrétion. Bon, une vague

En effet, une lame géante s'avançait.

— Aux ficelles! cria le zouave.

On avait attaché des bouts de cordes aux bastingages, de façon à ce que chacun pût s'y retenir; hommes et femmes s'y cramponnaient dans les grands coups de tangage.

La secousse fut terrible.

Une masse d'eau énorme passa sur le pont de proue en poupe, cassant çà et là les manœuvres, renversant la forge, brisant les cages à poules et emportant un tambour de la machine.

— Allons-y d'un bain et gratis ! nous voilà passés à l'état de canards.

— Moi, fit le zouave, j'aimerais mieux être à l'état de canards passés... de l'autre côté de l'eau ; mais nous n'avons pas le choix.

Il y eut quelques rires.

Le bruit des prières et des sanglots domina cette protestation toute gauloise contre la mort.

Le bâtiment s'était relevé et filait sous toute vapeur, poussé rudement.

— Encore une ! cria une voix.

C'était le zouave qui prévenait son monde.

En effet une seconde vague se dressait, avalanche croulante vers l'arrière.

Elle emporta deux embarcations, un homme et deux femmes.

Lisa était perdue sans le zouave.

Celui-ci la rattrapa d'une main, se retenant de l'autre, au moment où elle passait à sa portée au milieu d'une nappe d'eau qui balayait le pont.

Elle était folle de terreur.

La pauvre petite se cramponna à son sauveur qui l'embrassa avec une effusion comique.

— Voyez-vous ça! dit-il La noiraude qui faisait sa fiérotte cette après midi, et qui vous *bécotte* papa; ce que c'est que la venette.

Et en riant :

— Dire qu'elle m'a flanqué une giffle tantôt et que pour me venger, je lui sauve la vie.

Cependant la situation devenait insoutenable.

L'incendie gagnait rapidement. A la vue de quelques gerbes de feu qui crevèrent le pont pour s'élancer aussi haut que les mâts, le zouave s'écria :

— Oh là ! oh! je crois que voilà la fin du tableau; attention, la claque!

L'avant du navire s'embrasait.

— C'est *chic-à-mort*, comme un drame maritime à la Porte-Saint-Martin, continua le zouave; fin finale, apothéose, grand spectacle maritime, flamme du Bengale; le vaisseau va couler et les acteurs se sauvent.

En effet, il n'y avait pas une minute a perdre.

On fut appeler les quelques passagers (parmi eux la marquise et le marquis) qui étaient demeurés dans leurs cabines sous la dunette, et le capitaine fit procéder à l'embarquement sur le radeau.

Quelques marins descendirent d'abord.

On leur passa les enfants.

Ce transbordement s'opérait au milieu de difficultés inouïes, à chaque instant, il fallait s'interrompre pour laisser passer une vague.

Au milieu des angoisses générales, M. de Nunez parut effaré et s'approchant du capitaine :

— Monsieur, lui dit-il, je vous en conjure, faites-moi aider dans mes recherches.

— Qu'y a-t-il donc ?

— Ma femme a disparu.

— Où était la marquise ?

— Dans sa cabine.

— Lieutenant, ordonna le capitaine, mettez-vous à la disposition de M. de Nunez, vite !

— Venez, monsieur, pria l'officier.

Il donna son bras au vieillard pour l'aider à marcher.

Ils descendirent, fouillèrent le salon, les cabines, les coins les plus petits...

Rien.

D'après un examen minutieux, le lieutenant du bord s'arrêta découragé.

— Monsieur, dit il, je ne puis comprendre ce qui arrive si la marquise n'a pas quitté sa chambre.

— Je suis sûr, monsieur, qu'elle n'en a pas bougé.

— Mais vous n'étiez pas auprès d'elle.

— Monsieur, j'étais assis en face de la porte de la cabine, guettant le réveil de la marquise et prêt à la prévenir au dernier moment.

— Vous êtes certain de ce que vous dites ?

— Bien certain.

Cependant un incident passa rapide devant les yeux du marquis, il se souvint.

— Attendez, fit-il, je me rappelle qu'il y a dix minutes à peine, lors de ce violent coup de tangage qui nous a culbutés, je suis tombé pas terre ; je me suis senti enseveli dans un amas de coussins ; puis enfin je me suis relevé.

— Ah ! voyez-vous !

— Mais la porte de la cabine était close.

— Dans ces secousses une porte s'ouvre et se ferme toute seule, monsieur.

— Et vous pensez ?...

— Que la marquise éveillée s'est précipitée sur le pont, que la vague l'aura jetée à la mer et qu'elle est perdue ; venez, venez, monsieur, on nous appelle.

— Allez, je reste, fit le marquis.

— Le bateau va couler.

— Tant mieux ; je veux mourir.

— C'est insensé.

— Non, c'est sage.

Deux grosses larmes coulaient le long des joues du vieillard, larmes pénibles à voir.

— Si vous saviez comme je l'aimais ! dit-il.

— Je le crois, mais montons.

— Ah ! monsieur ! c'était une fille pour moi : bonne, douce, aimante, reconnaissante de mes soins.

— Eh ! monsieur, ce n'est pas le moment de me conter cela !

— Partez !

Le lieutenant murmura :

— Il est fou !

— De douleur, oui. Raoul l'avait char-

mée; il nous aurait rejoints en Afrique,
elle l'adorait.

Puis avec un accent de regret profond :

— J'aurais eu d'eux un enfant charmant !

Le lieutenant ne douta plus.

— La peur le fait délirer, pensait-il.

Le vieux marquis le prit par le bras tout
à coup :

— Mais que faites-vous donc là, vous ?
demanda t-il. Votre entêtement est stupide ;
partez.

Puis avec un sanglot :

— Laissez, laissez mourir, monsieur, le
dernier des Nunez ! Mon nom meurt par ma
faute.

Le lieutenant, hélé par le capitaine, prit
une résolution énergique, saisissant le
vieux gentilhomme dans ses bras, il l'emporta.

Il était temps.

On descendit M. de Nunez dans le radeau,
puis les deux officiers le suivirent.

Le navire était abandonné.

Sur le radeau, en un clin d'œil, un épi-
sode étrange attrista tous les spectateurs
de ce drame

Le marquis, assis sur une barrique, avait

l'air d'être calmé et regardait les flots ;
quand soudain il se leva, tendit ses bras
vers la mer, comme pour y appeler quelqu'un, et s'écria d'une voix attendrie :

— Marie, ma pauvre petite Marie !

Son accent fut si déchirant que chacun,
malgré la gravité des circonstances, se sentit ému ; mais on ne se doutait pas de ce
qu'il allait faire.

Tout à coup le vieillard se retourna :

— Adieu, vous autres, dit-il, et bonne
chance ! Il n'y a plus de Nunez au
monde.

Et il se laissa glisser dans les flots qui se
refermèrent sur lui...

XXVI

Le radeau.

Cette mort causa une impression doulou-reuse à ceux qui en furent témoins.

— Vieille bête ! fit le zouave en essuyant une larme ; il me fait pleurer comme un ca-niche.

Et à Lisa qu'il tenait près de lui :

— Ton maître était une ganache renfor-cée, ma fille, dit-il, c'est défendu d'aimer commer ça !

Lisa ne comprenait guère ce qui se pas-sait ; elle pleurait sa maîtresse, mais ne sa-vait pas pourquoi le marquis s'était sui-cidé ; car, selon elle, celui-ci n'avait aucune affection pour sa femme.

— Maître pas aimer maîtresse ! dit-elle.

— Hein ! fit le zouave.

— Jamais embrasser elle.

— Bah !

— Mépriser elle.

— Qu'est-ce que tu chantes-là ?

— Avoir deux lits !

— Quoi ! sans blagues ?

— Maîtresse, aimer M. Georges !

— Un amant !

— Monsieur savoir ça.

— Et il ne disait rien !

— Non, content, très content.

Le zouave leva sa calotte en l'air :

— Salut au mort, dit-il. C'était un cocu sublime et ça se voit rarement !

Puis revenant à autre chose :

— Lisa ! dit-il.

— Que veux-tu ?

— Tu n'as plus de maître !

— Non.

— Donne-moi ta main.

— Voilà.

— Regarde-moi.

— Je te regarde.

— Me trouves-tu beau ?

— Très beau !

Elle dit cela ingénument.

— Ton aveu me séduit, embrasse ton vainqueur, ma fille, et écoute-moi bien.

— J'écoute.

— Je t'épouse, si tu veux.

— Oh ! je veux bien.

— J'ai remplacé pour deux mille francs ;
j'irai trouver le colonel, en arrivant à Oran ;
nous nous convenons, pas vrai ?

— Oui, maître !

— Appelle-moi chéri, j'aime mieux ça ?

— Oui, chéri.

— Bien ; je te prends pour femme et tu
deviens cantinière de zouaves.

— Oh ! je suis bien contente.

— Alors, vive la joie ! En avant la musi-
que !

Cette scène burlesque, sincèrement jouée,
fit diversion à la mort du marquis

Les officiers et les marins admiraient
cette gaieté folle, dont rien ne pouvait ar-
rêter l'expansion ; pareille verve remit du
cœur au ventre à tout le monde.

Le radeau était bien aménagé.

Le chef timonier prit le gouvernail en
main et s'orienta au vent.

Les gabiers dressèrent un mât, le muni-
rent d'une vergue et larguèrent une petite
voile ; jusqu'alors on était resté près du
vapeur arrêté ; on s'en éloigna.

Chacun prit une place.

L'ordre régna.

La tempête ayant atteint son *summum* de
violence, entrait en décroissance.

Le capitaine, après un regard jeté sur tout et sur tous, déclara que l'on atterrirait bientôt sur les côtes sud-ouest de l'Espagne, dont on n'était pas loin, ou sur celles d'Afrique, dont on était peut-être aussi fort près; cela dépendait de la position que l'on occupait et qu'il était difficile de préciser au juste.

Le vapeur allait à la dérive; il disparut peu à peu; mais longtemps l'horizon resta embrasé.

Enfin, un grand jet de lumière monta vers le ciel, puis l'obscurité se fit.

Le paquebot avait *sombré*.

XXVII

Lui et elle.

On ne se doutait guère sur le radeau de ce qui se passait à bord du navire.

Raoul était bien au nombre des passagers.

Lorsque le feu fut signalé, il descendi dans la cale et s'y confina pendant près de trois heures ; personne ne s'occupa de lui en raison du trouble général.

Quand la tempête fut dans toute sa fureur, il se glissa au salon, déguisé en matelot.

Le marquis ne remarqua pas ce marin qu'il supposa être un homme du bord.

Raoul, ne voyant pas la marquise sur le pont, se douta bien qu'elle était couchée dans sa cabine ; il prépara une pile de coussins.

Lorsque le moment lui parut favorable, profitant d'une oscillation, il ensevelit le marquis sous l'avalanche qu'il tenait prête.

Bondissant aussitôt dans la cabine, il saisit la marquise dans ses bras, lui jeta un châle épais sur la tête et s'enfuit avec elle.

Arrivé dans la cale d'arrière, il ôta le cachemire qui l'étouffait et elle respira bruyamment.

— A moi ! cria-t-elle.

Mais sa voix ne pouvait être entendue.

— Marie, dit Raoul, taisez-vous et attendez ; je veux vous sauver et j'y parviendrai.

— Quoi ! Raoul, c'est vous !

— Oui, moi, qui veille sur vous.

— Qu'y a-t-il donc ?

— Le navire est en feu.

— Grand Dieu !

— Il sombrera dans deux heures.

— Nous allons périr !

— Puisque je vous promets de vous sauver.

— Mais comment ?

— Qu'importe ! Laissez-moi faire.

— Raoul j'ai foi en vous.

La marquise pensa à son mari.

— Et M. de Nunez ? demanda-t-elle.

— Ah ! chère amie, le malheureux !

— Que lui est-il arrivé?

— Il est mort.

La marquise fondit en larmes.

— Pauvre ami! s'écria-t-elle.

— J'ai autant de regrets que vous.

— Oh! Raoul! qu'allez-vous dire?

— Que je l'avais apprécié et jugé.

— Il était si bon!

— Un vrai gentilhomme.

— Charmant pour moi.

— Et grand seigneur en tout.

— Comment ce malheur est-il arrivé?

— Un mât l'a écrasé en tombant.

— Il n'est peut-être que blessé?

— Hélas! non.

— Etes-vous sûr?

— Il a eu la tête broyée.

— C'est affreux!

La marquise laissa tomber sa tête sur
l'épaule du jeune homme et pleura.

Celui-ci mentait.

Mais il ne pouvait faire autrement, on le
verra plus tard.

Le temps s'écoula assez rapidement, car
il s'occupait de certains préparatifs; elle
lui aidait de son mieux; muni d'une lampe,
il travaillait sur deux barriques, en défon-
çant le fond de chacune.

— Que faisons-nous donc ? demanda-t-elle.

— Deux appareils de sauvetage ! dit-il.

— Mais, entendez-vous ?

— Oui, certes, et je me hâte.

Les pétillements, les sourds mugissements du feu se mêlaient aux gémissements du navire, craquant sous les vagues qui hurlaient avec furie.

Raoul déploya deux sacs goudronnés, ouverts par les deux bouts ; il en cloua un par le fond tout autour de chaque barrique défoncée.

Cela fait, il enduisit les bords de la toile, là où elle collait aux douves, d'une épaisse couche de goudron.

— Et ceci nous sauvera ? fit la marquise.

— Mieux qu'une barque :

Raoul avait apporté du pain, du biscuit, du vin, des gourdes pleines d'eau, des viandes prises chez le maître d'hôtel ; tout un ensemble de provisions.

Il en garnit le fond des tonnes.

— Ce sera le contre poids qui les tiendra debout, dit-il ; vous y prendrez garde.

— Nous nous mettrons donc là-dedans ?

— Oui.

— Et les autres ?

— Ils font un radeau.

— Pourquoi ne pas y prendre place ?

Raoul regarda avec chagrin la jeune femme.

— Croyez-vous donc, demanda-t-il, que je ne fais pas pour le mieux, Marie ?

— Oh si ! dit-elle.

Et elle lui donna, toujours marquise, sa main à baiser.

Un coup de cloche retentit.

— Ils partent ! dit-il.

Cette cloche appelle les passagers qui seraient restés dans les cabines.

— Et nous restons seuls ?

— Tout seuls.

Elle frissonna.

Il la laissa dans la cale, s'assura que le pont était évacué et vint la chercher.

Il redescendit prendre les barriques, les amena l'une après l'autre, et s'assit tranquillement.

— Causons, dit-il.

Elle lui trouva l'air étrange.

— Vous me faites peur ! dit-elle.

Raoul, en effet, avait un visage effrayant de calme en un pareil moment.

Une idée affreuse traversa le cerveau de la jeune femme.

Elle pensa que les préparatifs de sauvetage n'étaient qu'une plaisanterie lugubre destinée à lui faire prendre le change et elle crut deviner que Raoul avait pris une terrible résolution.

XXVIII

A la dérive.

Raoul crut remarquer une sorte d'effroi dans les yeux de la jeune femme, un effroi causé par lui.

— Qu'avez-vous donc, Marie ? demanda-t-il.

— Et vous, Raoul ?

— Rien, absolument.

— Tenez, avouez-le, vous voulez mourir ?

— Moi !

— Oh ! je comprends tout.

— Vous vous effrayez à tort.

— Je me résigne.

— Mais, chère Marie...

— A quoi bon nier ?

La marquise était dans un état de surexcitation extrême, la chaleur devenait intense, le feu gagnait de toutes parts, Raoul était là, impassible.

Ce sang-froid montrait une détermination inébranlable dans quelque projet fermement arrêté, et la marquise crut avoir deviné le plan de Raoul.

— Vous voulez vous venger de mon refus ; ces sacs n'étaient qu'un prétexte.

Et avec mépris :

— Comme si l'on pouvait se sauver làdedans!

Elle le fixa.

— Vous ne craignez pas la mort, vous avez un orgueil immense ; vous m'aimez?...

— Sans aucun doute.

— Vous ne voulez pas vivre avec moi sans m'avoir courbée sous un joug déshonorant.

— Oh! fit Raoul.

— Oui, déshonorant. D'autre part vous avez une ardente passion qui vous dévore...

— Je suis maître de moi.

— Ne mentez donc point.

— Je ne mens pas.

— Vous mentez, vous dis-je! Vous êtes déterminé à mettre le feu au bâtiment, à me retenir ici, et nous allons y mourir ensemble.

— Attendez, je vais vous répondre.

Et Raoul, indigné de ces suppositions, monta sur le pont les deux barriques, les amarra, et revint prendre la jeune femme.

— Si je me suis assis, vous disant : causons, fit-il, c'est qu'il fallait donner à ce radeau le temps de s'éloigner ; sans quoi, nous voyant, on eût voulu venir à nous et nous prendre à bord.

— Mais c'eût été sage.

— Je vous jure, moi, que le radeau n'a que soixante chances sur cent d'arriver.

— Cela vaut mieux que le sort qui nous attend.

— Allons donc, Marie, abandonnez ces idées-'à. Nous avons à peine dix chances mauvaises contre cent, nous !

Et il se mit à ses genoux.

— Folle ! lui dit-il, avoir des idées pareilles !

— Mais c'est donc sérieux ?

Il l'embrassa doucement.

— Qui a pu vous faire faire ces suppositions ?

— Votre incroyable tranquillité.

— Faudrait-il perdre la tête ?

— Non, mais, voyez : nous avons une tempête sur nos têtes, la mer en furie sous nos pieds, autour de nous, le feu ; et vous ne paraissez pas ému.

— Ma chère amie, je suis habitué aux vrais dangers, et celui-ci n'est rien.

Il tira sa montre,

— J'ai vu brûler deux navires je me connais en incendies maritimes.

— Comme vous dites cela?

Elle le regardait avec admiration.

— On dirait, reprit-elle, qu'il s'agit de la chose du monde la plus simple.

Et souriant :

— Moi, par exemple, je n'étais pas plus inquiète quand, regardant une parure, je disais à M. de Nunez : « Çà doit valoir cent mille francs, je m'y connais ! »

Il sourit.

— Tenez, dit-il, la situation, à l'arrière, sera tenable pendant plus de trois heures encore.

Et montrant sa montre :

— Vous verrez que je prédis juste.

Il l'emmena sur la dunette.

— Asseyons-nous, lui dit-il. Aussi bien voici un beau spectacle, la mer a épuisé sa rage. La vague ne nous mouillera plus, quoique la houle soit très forte encore.

Et il fit asseoir la jeune femme sur un banc.

— Ma chère Marie, lui dit-il, je me suis vu cent fois face à face avec la mort, qui me touchait du doigt. Je vous assure que, dans ces circonstances, mon cœur ne bat pas une pulsation de plus qu'à l'ordinaire.

— Vous êtes donc de bronze ?

— Je me suis bronzé.

— Moi, j'ai peur !

— Je vais vous rassurer (1).

Lui montrant des barriques.

— Jamais, dit-il, on n'a vu un tonneau bouché descendre au fond de l'eau.

— Ça me paraît impossible, dit la jeune femme.

— B'en mieux, un navire chargé de barils vides, ayant une voie d'eau, ne sombre pas.

« Voici, dès lors, ce que j'ai imaginé. »

Se retournant vers elle :

— Il y a de cela dix ans ! fit-il.

— Vous pensiez déjà à ces appareils ?

— J'avais à me sauver d'un naufrage.

— Vous avez donc naufragé souvent ?

— Onze ou douze fois.

Elle joignit les mains.

— J'ai imaginé, reprit-il, de défoncer une barrique, de la garnir d'un sac, de prendre

(1) L'appareil qui va être décrit a été exposé en 1867 au Champ de Mars, et il est adopté par un grand nombre de capitaines de navires.

place dans le sac, mes pieds reposant au fond de l'appareil, le sac noué solidement autour de mes reins.

— Je saisis ! fit la marquise.

— On navigue très légèrement ainsi.

— Oui, je me souviens d'avoir, étant toute petite, fait le tour d'un bassin dans une cuve.

— Nous avons cet avantage, nous, que l'eau ne peut entrer dans la cuve, grâce au sac.

— C'est vrai.

— Le baril n'enfonce qu'aux deux tiers environ dans la mer.

— Pas plus?

— Non. Il cède à la vague, on occupe la crête ou la base, monte ou descend, mais n'est point submergé.

— Une bouée, en un mot.

— C'est cela.

La marquise se rassurait.

— Franchement, dit-elle, vous me guérissez de ma poltronnerie, et je commence à espérer.

— A la bonne heure.

— Si mon mari n'était pas mort, me laissant là un regret profond, je trouverais l'aventure gaie.

— Oh! dit-il, prenez garde.

— A quoi?

— Ne vous dorez pas la chose.

— Vous m'effrayez.

— La médaille à un revers.

— Dites vite.

— On n'est pas à l'aise.

— Bah ! un peu de gêne.

— Beaucoup.

— Il faut rester debout ?

— Non, chère Marie, nous placerons un pliant au fond de nos tonneaux, ce qui nous permettra de nous asseoir.

— Mais, alors, ce sera très confortable.

— Et l'ennui?

— Je ne m'ennuierai pas avec vous.

Elle lui tendit ses deux mains avec un mouvement enfantin et un laisser-aller charmant.

— Deux esprits cultivés et supérieurs ne sauraient pas se distraire ! fit-elle. Vous nous offensez, Georges.

Et elle reprit:

— Du reste, j'ai une idée.

— Laquelle ?

— Prenons des livres ; le temps calmé, nous lirons.

— Oh ! fit Raoul, la mer est un livre si

intéressant que nous n'avons pas besoin
d'en avoir d'autres.

— Nous étudierons les mœurs des poissons ; c'est cela. Mais pourquoi ne descer ,
dons-nous pas ?

— Ne vous apercevez-vous pas que j'ai
remis le bâtiment en marche, et que nous
avançons ?

— C'est vrai.

— Nous allons droit sur l'Afrique.

— Et c'est autant de gagné.

Cependant, le milieu du pont commençait
à être envahi, et les flammes devenaient
gênantes.

Raoul descendit.

— Où allez-vous ?

— Un instant, et je remonte.

Il rapporta deux paquets et deux parapluies.

— J'allais oublier ceci, dit-il

Elle se mit à rire franchement.

— Quoi ! des parapluies ?

— Il le faut bien, fit-il, nous avons le soleil qui peut nous gêner et les grains qui
nous mouilleraient.

Il avait disposé un aviron.

Le feu gagnait.

— Il est temps, dit-il.

Et il plaça lui-même la jeune femme dans
sa tonne, ajusta le sac avec mille précautions autour de cette taille souple qu'il enlaçait de ses doigts frémissants; elle le
laissait faire, frissonnant au contact de ses
mains fiévreuses.

Quand tout fut paré, il la descendit à la
mer, très grosse encore, si grosse que la
jeune femme poussa un cri perçant, lorsqu'elle toucha l'eau entre deux grosses
vagues.

— Courage ! lui cria-t-il.

Il s'empressa d'entrer dans son appareil,
l'enleva à l'aide d'une corde et d'une poulie,
se hissa par-dessus le bord, et comme la
poulie était attachée à un bras de fer auquel on amarre les canots, comme ce bras
surplombait, il n'eut qu'à lâcher de la
corde.

Il atteignit le flot.

Alors il abandonna la corde, et tirant son
aviron de dessous son bras, se dirigea vers
l'autre barrique.

Il l'atteignit bientôt.

La jeune femme était évanouie.

— Quelle faiblesse ! murmura-t-il.

Il la laissa dans cet état un instant,
amarrant les barriques bord à bord par

deux anneaux scellés d'avance et un huit chiffres déjà passé dans un de ces anneaux.

Puis, saisissant Marie dans ses bras, il la couvrit de baisers furieux.

Elle revint à elle.

Elle sentit brûler ses joues.

Mais il avait repris son air calme.

— Ma chère Marie, dit il, voyez comme la femme, par sa constitution, est soumise à l'homme.

— En quoi ? dit-elle.

— Un rien vous fait tomber en syncope.

— C'est vrai ! dit-elle.

Elle fit cet aveu sans se douter du point où il voulait en venir ; lui n'insista pas.

On navigua pendant quelque temps ; le navire en feu se dessinait sur les flots.

Quand il s'abîma, Raoul dit à la jeune femme :

— Voici le jour !

L'aube, en effet, pointait à l'horizon.

— Je me suis trompé de bien peu, di Georges ; le soleil se lève à cinq heures !

— Trompé... sur quoi ?

— Ne vous ai je pas dit que nous avion trois heures devant nous. pour voir s'abîme le paquebot dans les flots.

— Je me le rappelle, dit-elle.

L'aurore succéda peu à peu, avec ses brillantes clartés, aux premières lueurs du jour.

Le ciel s'était éclairci ; le vent, complètement apaisé, n'agitait plus les flots ; peu à peu la nappe des eaux, longtemps secouée, s'aplanissait.

— Ce lever de soleil est splendide ! s'écria la jeune femme ravie d'admiration.

Rien de plus poétique que le spectacle qui se déroulait devant ses yeux.

Au loin, la mer encore moutonneuse.

Sur toute son étendue, une légère brume dorée par des reflets de pourpre ; le ciel était azuré par place, teinté d'or et moiré de nuances soyeuses à l'orient ; noir encore au midi, vers lequel fuyait l'orage, argenté au nord, d'où la tempête fuyait à tire d'ailes ; à peine éclairé vers l'ouest.

Les oiseaux marins voletaient déjà, commençant leur pêche matinale.

Des bandes de marsouins jouaient, sautant, masses énormes, par-dessus les vagues.

Les poissons montaient à la surface par bancs épais, cherchant leur proie dans l'écume.

Tout s'animait.

Le soleil émergea de l'onde, pâle d'abord, bientôt tiède et brillant.

— J'avais froid! dit la marquise.

— La chaleur va nous incommoder bientôt, dit Raoul; heureusement, nous y parerons.

— Avec nos parapluies?

Ils se mirent à rire.

— Si nous mangions? dit le jeune homme.

— Tiens, j'ai faim! exclama Marie.

— Attendez, reprit-elle, je vais mettre la table.

— Oh! oh! une marquise!

— A la mer, comme à la mer.

Elle entr'ouvrit un peu son sac, sans danger, du reste; l'eau ne jaillissait qu'à peine autour des barriques; elle glissa son bras et retira un gigot.

Elle le tendit à Raoul.

— Tenez! dit-elle.

Il le prit.

Elle ramena du pain.

— Voici, lui dit-elle.

Il la débarrassa.

— Une bouteille, maintenant! fit-elle.

Et elle sortit une gourde.

— Asseyons-nous, dit Raoul.

En se plaçant sur les pliants, leur sac formait creux sur leurs genoux.

— Nous avons une table, dit-elle.

— Et voici un couteau, reprit Georges.

— Donnez, je découpe.

Elle tailla le gigot et le pain en tranches, prépara deux tartines et en tendit une à Raoul.

En ce moment, il n'y avait plus de marquise, mais une femme charmante.

Le péril, des émotions sérieuses, le besoin de protection l'avaient transformée.

— Vraiment, j'avais appétit! fit-elle.

— Grâce à la peur.

— Elle donne faim, c'est vrai.

— Il faut devenir brave, pourtant.

— Est-ce bien nécessaire?

— Sans doute, vous seriez incomplète sans cela.

— Le rôle d'une femme est-il bien dans le courage physique, Raoul?

Celui-ci sourit encore.

— Un aveu de plus! pensa-t-il.

Et sans répondre :

— Buvons! dit-il.

Il lui offrit la gourde.

— A notre santé! dit-elle.

Elle but une gorgée.

Une pensée amère lui vint.

— Suis-je affreusement égoïste! fit-elle.

— Que dites-vous?

— Une triste vérité

Et son visage devint sombre.

— Je ris, quand M. de Nunez, mon meilleur ami, vient à peine de rendre le dernier souffle.

Et avec deux larmes :

— Oh! je me méprise!

— Chère Marie, dit Raoul, j'ai eu des amis que j'affectionnais fort; je les ai vus mourir, et je vous jure que je les regrettais beaucoup. Cependant, je les oubliais toujours dans des moments semblables à celui-ci.

— Vous voulez me faire absoudre par ma conscience...

— Je vous ramène au vrai. Vous pleurerez souvent M. de Nunez dans vos heures de rêverie; mais, pendant l'action, le chagrin s'efface toujours.

Et pour la distraire :

— Voyez donc à votre droite.

Un énorme poisson nageait près d'elle.

— Dieu! qu'est-ce cela?

— Un requin, tout simplement.

— Il va se jeter sur moi!

— Ne le craignez pas.

— Deux petits poissons nagent près de ses ouies.

— Deux guides.

— Je croyais que c'était une fable.

— Vous voyez que non.

— C'est singulier.

— C'est fort naturel. Le requin est fort, mais stupide et sourd. Ces pilotes, mâle et femelle, lui prêtent leur finesse, leurs oreilles, leur adresse pour le conduire à sa proie, dont il leur abandonne les reliefs.

— Une association.

— Du fort et des faibles.

La marquise, regardant devant elle, vit une terre.

— Raoul! fit-elle.

Et elle montra la rive très rapprochée.

— Je la voyais, dit-il.

— Vous ne m'en preveniez pas?

— Parce que je ne voulais point vous préocuper trop tôt, et vous gâter votre lever de soleil.

— Quelle est cette plage?

— Celle du Maroc.

— Quel sort nous y attend?

— Je ne sais trop.

— Des dangers?

— A coup sûr.

— La mort?

— Peut-être.

— Me revoilà bien triste.

— Bah! reprenez courage.

— Avec une telle perspective.

— Mon Dieu, Marie, que vous êtes faible!

— Mais, fit-elle avec dépit, on dirait que je suis un homme, un soldat, un héros !

— Décidément, les femmes ont conscience de leur infériorité, fit-il tout haut.

Elle ne releva pas le mot.

Il la regarda avec surprise.

— Écoutez, lui dit-il, je suis sans arme à feu.

— Que n'avez-vous pris une carabine ?

— Où cela ?

— Sur le navire.

— Je vous assure bien qu'il n'y avait ni fusil, ni pistolet à bord.

— Nous voilà sans défense.

— Un couteau, voilà tout. Je continue.

« Nous allons aborder la terre du Kiss, couverte de tribus féroces et barbares; je n'ai que ceci.»

Il montrait une sorte de poignard.

— Eh bien? fit-elle.

— Eh bien! j'aurai ce soir fusil, vêtements, burnous, chevaux, tout ce je voudrai.

— Ah! je ne vous aiderai pas! fit-elle.

— Je le pense bien. Il s'agit de tuer probablement cinq ou six de ces sauvages.

Elle pâlit.

— Du sang! fit-elle.

— Eh oui! du sang!

Et la prenant par la main :

— Pauvre Marie! fit-il. Elle se croyait si forte! Mais vous n'avez pas d'énergie!

— C'est mon sexe qui le veut ainsi.

Il triomphait.

Pour la troisième fois, elle laissait échapper des mots précieux pour lui.

Il regardait la plage.

— C'est bien le Kiss, fit-il.

Il prit son aviron.

— Nous avons à manœuver un peu, dit-il, pour aborder au bon endroit.

— Vous connaissez la côte?

— On ne peut mieux.

Il ramait, imprimant une direction aux appareils.

— Voyez ces falaises! dit-il.

— Là-bas?

— Oui, à l'est.

— Un village les couronne.

— Nous y souperons ce soir, et on nous y fera fête; pourtant, c'est un village situé en plein cœur d'une contrée ennemie de la France.

— Et vous oserez vous y présenter?

— Oui, mais pas sous ce costume. Diable!

— Quoi donc?

— Une barque !

— C'est vrai, et des hommes armés de fusils.

— Marie, fit Raoul d'un ton grave, soyez passive, laissez-moi agir, ne dites pas un mot, quoi qu'on vous fasse, ou vous êtes morte et moi aussi. Nous avons été aperçus, malheureusement!

XXIX

Ruse de mer.

Cependant la barque approchait rapidement.

Elle était montée par trois hommes.

La marquise était fort effrayée; Raoul, le sourcil froncé, la regarda.

— C'est désolant! dit-il. Je vous ai montré ce que je vaux, et pourtant vous n'avez pas encore confiance en moi, après tant de preuves d'énergie, d'intelligence et de courage.

— Mais qu'allez-vous faire?

— D'abord, détacher nos barriques.

— Me laisser seule?

— Eh oui! pour nous sauver.

— Raoul, je vous en supplie, ne faites pas cela. J'aimerais mieux mourir avec vous que de rester abandonnée toute seule.

Le jeune homme se croisa les bras, toisa la jeune femme et murmura:

— Et dire que ça croit nous valoir!

Puis, comme elle semblait écrasée par cette dure parole, il défit le huit chiffres qui amarait ensemble les deux barriques, et mit le plus de distance possible entre elles.

Déjà il s'était dépouillé d'une partie de ses vêtements; il se débarrassa du reste.

La marquise pleurait.

Peu à peu le canot approchait.

Entraînée par cette invincible curiosité dont les femmes ne sont jamais maîtresses, et qui domine tout en elles, madame de Nuñez oublia bientôt son isolement, pour suivre les péripéties de la scène qui allait se dérouler devant ses yeux, et du dénouement de laquelle dépendaient son honneur, sa liberté et sa vie.

Elle était à cent mètres de Raoul environ quand la barque fut à portée de la voix.

Le jeune homme la héla vigoureusement en langue arabe.

Les marins du kiss parurent surpris, et ils se mirent à converser vivement entre eux.

Raoul les interpella de nouveau.

Ils répondirent.

Évidemment, ils étaient vivement intrigués.

Le jeune homme ramait dans leur direction.

— Qui es-tu ? lui demandèrent-ils.

— Le marabout Sidi-el-hadj Bou-Bekem, répondit-il.

— D'où viens-tu ?

— De France.

Les marins se mirent à rire.

— Tu es fou, Sidi Bou-Bekem ! dirent ils.

— Pourquoi ?

— Veux-tu faire croire à des hommes qui ont été corsaires sous le dey, que tu as traversé la Méditerranée là-dedans !

— Ce n'est pas dans cette barrique que je suis venu, mais sur un vaisseau.

— Et où est-il ce vaisseau ?

— Il a sombré cette nuit.

En ce moment la barque touchait à la barrique et manœuvrait pour l'accoster.

— Loué soit Dieu ? s'écria Raoul en sautant à bord, je suis donc débarrassé de ces chiens d'infidèles, et au milieu des serviteurs du prophète.

Et il embrassa chacun des marins à la mode arabe, ce à quoi ils se prêtèrent de bonne grâce, car ils croyaient avoir sauvé un compatriote.

— Qui est là-bas, dans l'autre barrique ?
demandèrent les marins.

— Une femme française, qui s'est attachée à moi pendant ma captivité.

— Tu étais donc prisonnier ?

— Oui. Depuis deux ans, pour avoir prê-
ché la guerre sainte contre les Français.

— Et comment t'est-tu tiré de là ?

— Grâce à cette femme, auquel Allah ins-
pira pour moi une vive passion. Elle était
fille d'un chef important qui m'obtint ma
grâce.

— Et il t'a donné sa fille en mariage ?

— Il le fallait bien ! Les Français regardent comme perdue de réputation la fille
qui ayant aimé un homme, ne s'est pas ma-
riée avec lui.

— Et le navire ?

— Il a sombré, vous ai-je dit.

— Comment ?

— Par le feu.

Toutes ces explications, données dans le
plus pur arabe, convainquirent les marins.

Ils se dirigeaient vers la barque pour re-
cueillir la jeune femme, qu'ils regardaient
curieusement.

Ils avaient déposé leurs longs fusils au
fond de la barque, deux s'étaient remis à

ramer pour accoster la barrique, l'autre
était à la barre, près de lui se tenait Raoul,
qui tout d'un coup, le saisissant par le cou
d'une main, par la ceinture de l'autre, le
jeta à la mer.

Les deux autres marins lâchèrent les avirons, mais déjà Raoul avait pris un fus.[1]
par le canon, et l'avait brandi sur la tête du
plus rapproché.

La crosse siffla dans l'air, tomba comme
une massue sur le crâne du marin et le
broya; l'autre avait saisi son pistolet à sa
ceinture.

Il tira.

Mais, comme l'a si bien remarqué le ma-
réchal Lefebvre, on ne manque jamais
mieux un homme qu'à bout portant; la
balle se perdit dans l'espace, et la crosse du
fusil de Raoul, furieusement dirigée en
pleine poitrine de ce dernier adversaire, le
renversa suffoqué.

Restait le barreur.

Un coup de feu le traversa au moment où
il nageait vers le canot.

Il se débattit sur l'eau, suffoqua, puis
disparut sous les flots.

— C'est fait, dit Raoul à la marquise, qui
se trouvait à quelques brasses.

Et d'un coup d'aviron, il poussa l'embarcarcation de son côté, l'enleva d'une secousse vigoureuse, et l'assit sur l'un des bancs.

Elle était pâle d'épouvante.

Raoul, sans plus s'occuper d'elle, s'empressa de prendre tous les vivres qui se trouvaient au fond des barriques ; il attacha celles-ci à la remorque du canot, orienta celui-ci, et fila vers l'est.

Les deux marins gisaient aux pieds de la marquise ; l'un d'eux n'était pas mort.

— Raoul, dit-elle, voyez donc !

Elle lui montrait le Marocain qui, encore tout étourdi, s'était levé sur son séant et regardait, effaré, autour de lui ; à la vue de son adversaire, il fit un geste de terreur.

Raoul avait enlevé de la ceinture du mort un pistolet qu'il avait armé.

Il allait tirer.

— Grâce ! s'écria la marquise.

Mais lui, impitoyable, déchargea son arme.

— Oh ! mon Dieu ! s'écria la jeune femme, quel épouvantable meurtrier vous êtes !

— Merci bien ! fit-il.

Et, railleur, il ajouta :

— Les femmes sont singulièrement reconnaissantes !

— Mais c'est atroce! s'écria la marquise.

— Fallait-il donc nous laisser massacrer par ces gens-là ? Dites-le, y teniez-vous ?

— ...ais puisque nous étions sauvés.

— Pas encore positivement. Nous ne sommes pas arrivés dans un port français.

— Hélas, non !

— Nous pouvons rencontrer une tartane marocaine en route ou être jetés à la côte; ce blessé nous eût compromis et perdus.

— Il eût toujours été temps plus tard !

— Ah ! oui, vraiment, voilà bien les femmes et leur niaiserie ordinaire !

— Oh ! Raoul !

— Eh oui ! leur niaiserie. Me voyez-vous pardonner à ce gaillard-là ; puis de sang-froid, dans une heure ou dans deux jours, le tuer!

Il se mit à fouiller les vêtements des cadavres.

Il en tira l'argent que contenait leur ceinture ; les boîtes à poudre, tous les menus objets; il les déshabilla ensuite et lava les taches de sang laissées aux vêtements

Elle le regardait faire, la poitrine oppressée, les yeux gros de larmes contenues.

Il étendit au soleil les effets mouillés,

lança les corps à la mer, et mit tout en
ordre à bord.

— Nous sommes en sûreté, ou à peu près,
maintenant, dit-il doucement.

Et souriant:

— Vous me boudez?

— Vous avez été si dur pour moi! s'écria
la jeune femme avec explosion.

— C'est vrai! avoua-t-il.

Et se mettant à genoux près d'elle:

— Chère Marie, lui dit-il, oubliez et par-
donnez; il y a deux hommes en moi; l'un,
celui que vous connaissez, est un gentilhomme civilisé.

— Et l'autre?

— Un sauvage!

— Ne soyez plus que gentilhomme.

— Impossible, tant que je serai en présence d'un péril, dix ans de combats, de
luttes et de dangers m'ont donné des habitudes de brutalité qu'à certaines heures
il m'est impossible de dominer.

Elle jouait avec les boucles de ses cheveux, tout émue de le sentir si près d'elle.

— Méchant! murmurait-elle, m'avoir refusé la grâce de ce pauvre diable!

— Ah! plaignez-le, je vous le conseille.

— Il n'avait pas l'air de vouloir nous faire de mal; il nous avait bien reçus.

— Parce que je l'avais trompé.

— Comment?

— Il me croyait Arabe...

— Et s'il nous eût sus Français?

— Ce soir on m'aurait torturé.

— Vous me faites frémir!

— Et vous seriez devenue la femme de l'un de ces trois marins.

— Grand Dieu!

— Ou vous auriez été vendue.

Elle pâlit.

— Eh bien! demanda-t-il, vous ne me trouvez plus aussi féroce, Marie?

— Mon ami, répondit-elle, la vie que vous menez à des nécessités si épouvantables, que je me demande quel attrait elle a pour vous?

— Celui du péril.

Il se leva et visita les burnous des marins; ils étaient secs, et il apporta le plus petit à la jeune femme.

— Il vous faut déguiser, dit-il.

— Quoi! fit-elle. Endosser l'habit d'un mort!

— Mais vous serez donc toujours sous le

coup de ces maudits et mesquins préjugés, indignes de votre haute intelligence?

— Raoul, épargnez ma faiblesse et déridez votre front, mon ami. Je tâcherai de ne plus vous méconter, êtes-vous satisfait?

Il lui baisa la main.

La barque avait déjà fait bien du chemin; le vent était excellent.

Le soleil, radieux, resplendissait au ciel; la mer étincelait au loin, reflétant les cieux.

La jeune femme, montée sur la banquette d'arrière, dénouait un à un ses vêtements, qui tombaient au fond du canot, et grande dame, sans sottes résistances, sans gestes alarmés, laissait le regard enchanté du jeune homme admirer, sous les plis des derniers voiles, les splendeurs de son corps divin.

Ce ne fut pas sans regrets qu'il jeta sur ce marbre vivant le burnous indigène; mais l'heure n'était pas propice; car il eût fallu laisser deviner ce qu'il voulait cacher : l'ardent amour qu'il voulait paraître avoir dompté depuis cette soirée où elle avait refusé d'être pour lui ce qu'il voulait qu'elle fût.

Il dissimula ses cheveux blonds sous le

fez, et termina sa toilette, non sans avoir cent fois la tentation folle de se jeter à ses pieds.

Quand il eut fini :

— C'est fait! dit-il.

— Me voilà Marocaine! s'écria-t-elle.

— Marocain, voulez-vous dire.

— C'est vrai.

— Qui nous eût prédit ce qui arrive, il y a seulement huit jours, nous eût certainement paru fou; vous, marquise de Nunez, naufragée en vue d'une côte peuplée de tribus féroces, réduite à vous cacher sous le burnous d'un Bédouin, n'ayant qu'une protection : la mienne.

— Protection efficace, Raoul.

— Et qui ne vous manquera jamais, Marie.

Il lui tendit fraternellement sa main, qu'elle étreignit avec une crispation convulsive.

— Je crois que vous n'êtes pas encore rassurée, dit-il, vous tremblez.

— Après tant d'émotions!...

— Tenez, voici une bouteille de rhum; croyez-moi, buvez-en une gorgée.

La jeune femme manifestait une certaine répugnance.

— Allons, lui dit-il, faites comme les conscrits qui se montent la tête faute de cœur, aussi bien, il vous faudra montrer peut-être beaucoup de fermeté dans quelque temps.

Elle obeit, et avala quelques gouttes de rhum.

— Une recommandation importante, lui dit Raoul ; dès que vous me verrez avec des indigènes, rappelez-vous que vous êtes muette.

— Pourquoi?

— Vous ne savez pas l'arabe ! Comment pourrais-je expliquer que vous ne le parlez point?

— Quelle linotte étourdie je suis ! Je ne pensais point à cela ; mais vous, Raoul, vous songez à tout.

— Diable! s'écria tout à coup le jeune homme.

— Quoi donc?

— Une balancelle qui nous donne la chasse.

Et Raoul montra à la jeune femme une voile qui se détachait de la rive.

C'était un simple point blanc à l'horizon.

— En voyant la direction que nous avons prise, les gens des tribus, rassemblés sur le bord de la mer, ont été inquiets, quoiqu'ils n'aient pu distinguer ce qui se passait. Ils lancent sans doute à nos trousses leur meilleure barque et elle nous atteindra probablement en peu d'heures.

— Et vous serez massacré?

— Si l'on nous prend!

— Et je tomberai entre leurs mains?

— Pour cela non.

— Que ferez vous?

—Tout espoir perdu, je vous poignarderais plutôt que de vous voir au pouvoir de ces gens-là.

— Et je bénirais votre main Raoul, qui me délivrerait en me frappant.

— Heureusement, dit le jeune homme nous n'en viendrons pas là, Marie.

— Mais, puisque vous pensez que la balancelle marche mieux que ce canot!

— On trouvera peut-être le moyen de la retarder. Et d'abord, vous allez voir.

Raoul dirigea la marche de son embarcation de manière à se rapprocher de la terre, puis il détacha l'une des barriques qui resta flottante comme une bouée au point où on l'avait lâchée.

— Ils iront d'abord à cette barrique, dit-

il, cela nous fera certainement un quart
d'heure de répit.

— C'est bien peu.

— C'est énorme.

— L'autre barrique nous donnera plus
d'une heure, grâce à une idée qui m'est
venue.

Et Raoul, prenant un aviron, le coupa à
hauteur d'homme avec le couteau d'un des
morts.

— Que fabriquez-vous? demanda la marquise.

— Un mannequin.

— A quoi servira-t-il?

— A retarder la chasse.

Le jeune homme forma, en enroulant les
vêtements de la marquise autour de l'aviron, une sorte de renflement pour simuler
un dos et une poitrine; il jeta sur le mannequin son paletot et plaça ce bonhomme
postiche dans la barrique.

La marquise ne put retenir un sourire.

Raoul, sur le sommet de l'aviron, attacha
son chapeau solidement.

Par derrière on aurait cru vraiment aper-
cevoir un bourgeois de Marseille, ayant la
singulière fantaisie de se promener en mer
dans une cuve.

Raoul regarda la jeune femme.

Elle riait.

— Allons, dit-il, vous vous habituez au danger. C'est bien, cela ; je vous aime mieux brave que poltronne.

— C'est qu'en vérité cette ruse est burlesque ; les Marocains y seront pris.

— Je l'espère bien.

— Ils seront furieux?

— Il y aura de quoi !

Raoul n'avait pas fini.

Il prit le fusil dont il s'était servi comme d'une massue, et qui était faussé.

— Celui-ci est hors de service; du reste, il nous en reste deux, dit-il.

— Vous allez le placer dans la barrique.

— Oui, ma foi, vous l'avez deviné; les gens qui nous poursuivent agiront de prudence en voyant reluire le canon et perdront quelques minutes de plus.

— Ils tireront peut-être sur le mannequin.

— Pas peut être, sûrement.

La marquise avait un visage rayonnant.

— Tenez, Raoul, dit-elle, votre présence d'esprit, votre calme, vos ingénieuses combinaisons me rassurent à ce point que je m'amuse de cette farce.

— Dans huit jours vous serez un petit César en jupons ; la bravoure n'est souvent qu'une question d'habitude.

— Mais, dites-moi, je vois bien une heure et quart de gain, mon ami, mais la fin ?

— La fin ?

— Oui, le vrai moyen de salut ?

— Je le trouverai, soyez tranquille.

— Vous ne l'avez pas encore ?

— Non, mais jamais je ne suis à court d'inspiration ; pris à l'improviste, je ne suis jamais au dépourvu, et nous avons trois ou quatre heures devant nous. C'est plus qu'il n'en faut pour inventer vingt combinaisons.

Et Raoul lâcha la barrique au mannequin.

Tout à coup le canot doubla un petit cap.

La marquise jeta un cri.

Sur le bord d'une bai, derrière le promontoire, cinq ou six cents personnes étaient assemblées.

Le sourcil de Raoul se fronça.

On vit au loin, vers la région d'où la première barque était partie, un grand feu flamber.

— Ceci est un signal, dit Raoul. La tribu à laquelle nous avons pris ce canot, prévient celle-ci qu'il se passe quelque chose d'extraordinaire.

— Ils comprennent que nous fuyons; tenez !

En effet, les gens assemblés sur la plage poussèrent des cris furieux à l'aspect du canot.

Déjà une barque était à flot; elle fit force de rames pour atteindre les fuyards.

— Ah! Raoul! dit la marquise, je crois que l'heure est venue de mourir...

Lui, impassible, serrant le manche d'un poignard mauresque, ne répondit pas, mais il jeta un sombre regard sur la jeune femme.

———————

XXX

Sous bois.

Raoul vira de bord tout à coup.

Il avait pris sa résolution.

— Vous savez nager, Marie ? demanda-
t-il.

— Oui, dit-elle.

— Tout va bien.

— Mais, nous retournons donc vers l'autre barque ?

-- Nous allons au salut.

Et Georges manœuvra pour doubler le
cap de nouveau ; ce qu'il fit rapidement :

Au moment où il en rasait presque la
pointe, alors que du fond de la baie on ne
pouvait le voir, alors que l'autre barque
était trop éloignée pour rien distinguer, il
orienta son canot de façon à filer droit entre les deux bateaux qui le poursuivaient.

Quand il exécuta cette manœuvre il était
à vingt mètres de la côte.

Marie remarqua qu'il plaçait en croix les avirons et les liait.

Sur ce radeau, il posa les fusils, les munitions, quelques provisions, puis il engagea la jeune femme à se jeter à la mer ; ce qu'elle fit sans hésiter.

Il la suivit.

La barque fila loin de la terre.

Eux, prirent bien vite pied, poussant les avirons devant eux, et, se hâtant.

Ils saisirent leurs armes, leurs vivres, leurs sachets de poudre demeurés secs heureusement, et ils se blottirent dans les rochers du cap.

Il était temps.

La barque doublait le cap à son tour.

— Oh ! dit Raoul, en la voyant, nous pouvons être tranquilles ; elle est lourde.

— Mais qu'allons nous faire ?

— Attendre un peu. La chasse durera quelque temps ; nous pouvons fuir avant que l'on nous soupçonne à terre ; après quoi, vous me verrez payer d'audace.

— Que tenterez-vous ?

— Un vol à main armée.

— Raoul prenez garde à moi.

— Je ne vous demande que de savoir monter à cheval, ma chère Marie.

— Pour cela je suis une excellente écuyère, mais...

Il jugea le moment venu :

— Mais le reste me regarde.

« Levez-vous et venez ! dit-il.

— Où ?

— Au village de ces gens.

— Grand Dieu !

— Mais venez donc.

— Raoul, c'est folie !

— Le village est désert où à peu près ; il est là bas, sur cette hauteur.

— Je le vois.

— Toute la population est sur la plage.

— Cependant...

— Je suis sûr que personne n'est resté dans les cases et que nous ne verrons pas une tête ; un vieillard où deux, peut-être.

— Et s'ils crient ?

— On ne les entendra pas de la plage.

La marquise, dominée par le ton d'autorité de Raoul, le suivit.

Il n'y avait pas à lui résister.

Cette grande dame, faite pour la domination, cette jolie femme, habituée à toutes les adulations des hommes, pliait sous le regard de Raoul, s'accoutumait à l'obéissance, et ne discutait un ordre que par peur et non par dignité.

C'est que pour faire rentrer la femme dans la voie que la nature lui a tracée, il suffit qu'elle se trouve en présence de la nature même ; alors, le bras de l'homme se fait sentir pour protéger et pour défendre : mais en même temps il commande et il exige la soumission et le respect.

En pleine civilisation, au contraire, l'être frêle, chétif, incomplet, est le tyran de l'être fort ; toutes les lois primordiales sont renversées.

On voit devant le fauteuil où trône une coquette, on voit se courber platement les échines d'un millier d'adorateurs et c'es' là vraiment un spectacle déshonorant.

Raoul n'était pas homme à accepter un rôle pareil ; il avait sacrifié son amour à son orgueil ; il avait refusé d'être le valet de cœur de la marquise.

Et voilà que les circonstances les avaient jetés tous deux dans une situation telle que, d'elle-même, cette fière marquise de Nunez se faisait petite, affichait ses faiblesses et se suspendait tremblante au bras de l'homme dont elle avait si hautement repoussé la domination,

Mais aussi la mâle conduite de Raoul au milieu de tant de périls la frappait d'admiration.

Il était de bronze.

Pas un muscle de sa face leonine ne bougeait dans les crises les plus graves ; son œil même ne flambait qu'au moment de l'action.

Ils marchaient le long des rocs.

Lui, comme s'il se fût trouvé à une partie de plaisir, dans les falaises d'Etretat.

Elle, pâle, défaillante.

Ils gagnèrent le village.

La marquise, près des maisons, eut un tel accès d'angoisse qu'elle fléchit.

Il la soutint.

— Marie, du courage, que diable ! lui dit-il ; dominez-vous par un effort de volonté.

— Mon ami, je n'ai plus de force.

— Allons, sacrebleu ! il le faut.

Il la secoua presque rudement.

Une larme perla les yeux de la jeune femme ; mais elle se releva et marcha.

Il ne dit plus mot.

Comme il l'avait prévu, le village était désert ; il le visita paisiblement.

Comme dans tous les bourgs berbères,

les chevaux avaient pour écuries des hangars.

Raoul, sans se hâter, visita ces hangars et y prit les deux meilleurs coursiers.

Comme il l'avait supposé, plusieurs vieux guerriers avaient préféré demeurer dans leurs cases que de courir vers la mer; un de ces vieillards, voyant ces étrangers qui s'emparaient de deux coursiers, vint à eux avec son bâton.

— Chiens de voleurs! leur cria-t-il; vous avez de l'audace! Laissez ces chevaux!

Raoul ne prit pas garde au bonhomme.

Mais la marquise était dans des transes mortelles.

— Il va nous faire prendre, dit-elle.

— Et par qui? fit Raoul.

— Mais il crie.

— Eh bien! qu'il crie; personne ne viendra, sinon des podagres comme lui.

Il était entré dans la maison et avait rapporté les harnachements des chevaux.

Le bonhomme continuait à bramer; mais à distance; il n'osait trop s'approcher.

Raoul mit la marquise en selle; puis il y monta à son tour.

— Partons! partons! dit la jeune femme.

— Un moment! fit-il.

— Oh! Raoul, ne perdons pas une minute.

Il haussa les épaules.

Se tournant vers le vieillard, il lui cria :

— Tu diras aux tiens que c'est le Coupeur de têtes, qui est venu leur prendre
leurs chevaux ; n'oublie pas, vieux chacal.

Et passant près d'une maison, basse
comme toutes celles des Berbères, il se
dressa sur ses étriers, arrêtant son cheval
un instant.

— Raoul, ne partirons-nous jamais ?

— Un moment, j'ai à laisser à ces gens
un souvenir de moi ; quand je visite un
douar ennemi j'ai par habitude d'y marquer
ma trace.

Et le jeune homme, répandant une traînée de poudre sur le chaume du toit, tira
sur cette traînée un coup de pistolet qui
l'enflamma.

Le feu prit comme par enchantement.

— Maintenant, chère poltronne, dit-il,
piquons des deux ! Il est temps !

La jeune femme ne se fit pas répéter
deux fois la recommandation ; elle lança
son cheval.

Ils sortirent du village et galopèrent le
long d'un chemin conduisant à une forêt.

En cinq minutes, ils l'atteignirent.

— Ouf! dit Raoul en entrant sous bois, me voici chez moi; chère Marie, nous sommes sauvés.

— On va nous poursuivre.

— Je m'en soucie peu.

— Mais, mon ami, nous restons là ?

— Mon Dieu, oui !

— Raoul, expliquez-moi votre plan ?

--- Il est bien simple, vous allez voir.

Il la fit descendre de cheval et sauta à terre; il coupa deux branches épineuses de jujubier, les attacha sous la queue de chaque cheval, et leur piquant le flanc, les fit détaler sur le chemin.

Au village on entendait des clameurs stridentes.

Raoul riait.

— Les sauvages ! ils sont furieux ! dit-il.

Et à Marie :

— Venez !

Il l'entraîna à cent pas sous le couvert.

Le galop d'une troupe de cavaliers résonna bientôt; la poursuite commençait.

— Ils vont aller loin, dit Raoul, le chemin traverse dix lieux de forêt. Nos chevaux ne s'arrêteront pas, et tant que les guerriers verront leurs traces sur la poussière du sentier, ils continueront la chasse.

— Mais nous, mon ami.

— Nous allons marcher pendant une heure, après quoi, chère Marie, je vous montrerai que le Tasse a pu peindre sa forêt enchantée d'après nature.

Et souriant, il passa avec une câlinerie gracieuse le bras de la marquise sous le sien et la guida.

De temps en temps il la faisait se retourner et lui montrait à travers la feuillée les rouges lueurs de l'incendie, empourprant le ciel.

— Ça brûle adorablement ces nids à pirates, n'est-ce pas ? Je crois que pas une case ne restera debout.

La jeune femme soupira.

Il lui demanda avec intérêt :

— Vous êtes fatiguée ?

— Non, dit-elle.

— Pourquoi donc ce soupir ?

— Je songe à ces pauvres gens !

— Décidément, dit-il, vous êtes incomplète ; vous n'aimez pas la vengeance, Marie.

Et après un silence.

— Pourtant il m'avait semblé...

— Mon ami, je me souviens du trait auquel vous faites allusion et j'ai mauvaise
grâce, vindicative comme je le fus autre-
fois, de me montrer pleine de pitié ; cependant, si j'ai des haines violentes contre qui
m'offense, je n'ai pas de rancune contre
des gens qui, en somme, ne m'ont rien
fait.

— Rien...

— Que nous ont donc fait ces pauvres
Berbères ?

— Ils voulaient nous prendre !

— Je sais.

— Nous torturer.

— C'est vrai. Aussi je n'aurais pas plaint
les hommes que vous auriez frappés. Mais
les femmes, les enfants que vous venez de
ruiner par cet incendie...

— D'abord les richesses de tout ce monde
sont le produit de crimes atroces. Ces gens
du Kiss sont des assassins sur mer et sur
terre, pillards éhontés, fieffés coquins.

— Les hommes ! mais les femmes ?

— Ah ! chère Marie, les femmes sont des
bêtes fauves qui vous brûlent un prisonnier
avec des raffinements de cruautés inouïes ;
un de nos chasseurs a été affreusement
déchiré morceau par morceau, il y a un an

à peine, dans ce même village que depuis
nous avons détruit de fond en comble. Si
vous aviez vu les femmes et les enfants
s'acharner sur ce pauvre diable, vous auriez
pris en haine toute cette engeance. Plus
tard, on a reconstruit les maisons et j'avoue
que je suis ravi d'avoir jeté mon nom à ce
vieillard. Il est bon que, nous autres chasseurs, nous soyons la terreur de ces bandits.

Tout à coup Raoul s'arrêta :

— Tiens, dit-il, il y avait par ici un coureur de bois, il n'y a pas dix jours.

— A quoi reconnaissez-vous cela, mon
ami ? demanda la marquise étonnée de cette
remarque.

— A ceci, tenez !

Et il ramassa une balle déformée au pied
d'un chêne qu'elle avait frappé.

— C'est un projectile tout particulier,
dit-il; on ne peut le confondre avec un
autre.

— Mais pourquoi, dix jours ?

— Parce que voici l'endroit de l'écorce
qui a été touché et que l'état de la cicatrice
m'apprend qu'il y a au moins dix jours que
le coup a été tiré.

— Et cet homme est encore dans ce
bois ?

— Je ne sais.

— Comment ose-t-il chasser si près de
ces pirates qui sont vos ennemis ?

— Parce que nous avons dans cette forêt
un sûr asile; parce que le chasseur est
dans un couvert comme dans un fort impre-
nable; nul n'oserait traquer l'un des nôtres
au milieu de hautes futaies. Les Arabes
n'ont **pas de** chiens au flair développé
comme les nôtres. Nous dépistons donc
facilement à travers les arbres ceux qui
nous chassent; vous savez qu'il est très
difficile de forcer un sanglier sans chien
or, ce que fait le sanglier, nous le faisons
avec une grande supériorité intellectuelle
pour nous.

— Ainsi les deux ou trois cents guerriers
de ce douar sont impuissants contre un
homme ?

— Oui, si cet homme est un chasseur.
Ils m'ont donné la chasse ici même.

— Ah !

— Ils ont fait une battue. Ils étaient
très nombreux et armés jusqu'aux dents;
ils n'ont pu me cerner et j'en ai tué sept ou

huit, tout en les fuyant d'arbre en arbre ;
avouez que c'est décourageant !

— Je vous comprends maintenant.

— Et vous vous tranquillisez ?

— Oui, mon ami.

— Vous avez bien raison ; ils vont trouver
les chevaux en liberté, ils se douteront que
nous sommes en forêt, et ils se garderont
de nous y traquer. Bien plus, de même que,
quand un lion est signalé dans le voisinage,
les tribus ne s'aventurent plus sans de
grandes précautions, dès qu'un chasseur
est dans un bois, on n'approche qu'en
tremblant et avec prudence.

— Mais vous me parliez de je ne sais
quels enchantements ; que vouliez-vous
dire, Raoul ?

— Vous le verrez bientôt.

Plus on avançait, plus le site devenait
sauvage.

Les chênes immenses allaient s'épaissis-
sant en fourrés inextricables ; les buissons
s'enchevêtrant formaient, au pied des arbres, une forêt sous l'autre ; le ciel n'appa-
raissait plus qu'à de rares éclaircies ; le sol
était à chaque pas sillonné de ravins ; la
jeune femme, vivement impressionnée, s'é-

tait tue peu à peu et suivait son guide pé-
niblement.

Tout à coup on entendit une voix guttu-
rale, une voix terrible résonner sous la
feuillée.

Puis un monstre fauve se précipita sur
l'étroit sentier que suivaient les fugitifs.

C'était un lion.

Il y a dans le lion une telle majesté d'al-
lure, la force éclate si bien dans tous ses
mouvements, sa large face est empreinte
d'une telle intelligence, qu'il produit sur
les plus braves une impression irrésistible.

La marquise n'était qu'une femme.

Anne-Marie de Nunez s'évanouit.

———

XXXI

Le lion Sélim.

Quand elle reprit ses sens, elle vit Raoul souriant lui montrer le lion à ses pieds.

Le gros mufle de la bête touchait aux sabattes mauresques de la jeune femme qui les retira effarée.

Elle voyait les yeux du lion fixés affectueusement sur les siens, un chien n'eût pas eu pour sa maîtresse un meilleur, un plus doux regard.

Madame de Nunez croyait rêver.

Elle fit un geste.

Le lion remua sa longue queue à la façon d'un caniche qui mendie une caresse et il tendit son énorme tête à hauteur des genoux de la marquise.

Il quêtait un signe d'amitié.

— Allez, Marie, donnez à ce pauvre Sélim ce qu'il demande ; promenez, dans sa royale crinière, votre main mignonne et flattez-le comme vous feriez d'un chien.

La jeune femme hésitait.

Sélim regarda le chasseur d'un air si inquiet, si désolé d'inspirer tant de frayeur, que la jeune femme se décida et posa ses doigts roses sur le front du lion.

Celui-ci, agitant fiévreusement sa queue, en balaya le sol en témoignage de sa joie.

— Raoul, mon ami, j'ai cru mourir de peur ! dit la jeune femme d'un air de reproche.

— Je l'ai pardieu bien vu, répondit-il ; on ne s'évanouit ni plus vite, ni plus souvent.

— Vous auriez dû m'avertir.

— Pas du tout. Il faut se faire à l'imprévu et aux émotions fortes.

— Vous me direz bien toutefois, je l'espère, comment il se fait que ce lion soit là, docile et soumis.

— Sans doute. C'est la plus drôle d'histoire qu'on puisse imaginer ; le pendant de celle d'Androclès. Comme nous n'avons rien de plus pressé à faire, je veux vous la dire.

« Imaginez-vous que, certain soir, en traversant cette forêt, je rencontrai le pauvre Sélim, alors un joli lionceau de deux ans, dans le plus grand embarras où un

lion puisse se trouver ; il était tombé dans
un piège que les Arabes lui avaient tendu,
une sorte de fosse couverte de branchages
et d'une mince couche de terre ; il avait
passé dessus et était tombé au fond.

« Les Arabes me sachant dans le bois
depuis la veille, — j'avais signalé mon ar-
rivée par un des plus beaux coups de fusil
de ma vie, en abattant un drôle qui battait
la plus jolie fille du monde, son esclave, en
l'abattant à six cents pas ; — on n'osa plus
venir au bois, le piège ne fut point visité.

« Donc me voilà en face de Sélim.

« Je l'ajuste pour l'abattre.

« Il a l'air de comprendre et me regarde
d'une certaine façon qui me va droit au
cœur.

« Je passe sans tirer.

« Mais Sélim avait soif et faim, il était là
depuis quelque temps et il risquait fort de
mourir d'inanition ; j'entendis toute la nuit
ses rugissements étouffés.

« Au matin, j'avais pris ma résolution.

« Le lion est un noble animal, j'éprouve
pour lui, ma foi, plus de sympathie que
pour l'homme.

« Les tortures de Sélim me touchaient
plus que je ne saurais dire, je lui apportai

de l'eau et je lui jetai un quartier de venaison.

« Il but avidement, mangea de même et parut me vouer une profonde reconnaissance.

« J'avais entendu parler de lions apprivoisés, je voulus tenter une expérience.

« Pendant une semaine, je me fis le pourvoyeur de Sélim, puis je songeai à le dégager.

« Je creusai les bords de la fosse en talus.

« Croiriez-vous qu'il comprit et joua des griffes pour m'aider, avançant rapidement en besogne.

« Enfin il put d'un bond s'élancer dehors et son premier mouvement fut de venir frotter son gros museau contre ma poitrine; chez le lion, il paraît que le premier mouvement est aussi le bon.

« Mais ils ont ceci de remarquable, c'est que le second est encore meilleur.

« Mon Sélim me suivit partout.

« Nous chassâmes ensemble et nous fîmes merveilles; notre association dura dix mois.

« A cette époque, il devint inquiet.

« Mon Sélim trouvait que si l'amitié a des

charmes, l'amour lui est supérieur à certain moment.

« Il disparut.

« Quelque temps après, il revint, mais, dans le voisinage, j'entendais les cris d'une lionne.

« Mon ami avait une famille.

« Je dus le quitter à mon tour ; l'heure était venue de me rendre au Sahara.

« J'aime cette forêt comme station d'été ; car nous allons passer en bandes l'hiver au Sahara ; mais dans la saison chaude nous nous installons dans le Tell, non loin de la mer et de ses brises fraîches.

« Donc, je revis souvent mon Sélim qui n'a jamais fui ce bois et qui en a fait sa résidence.

« Ce brave lion, autant que j'ai pu voir, a souvent changé de lionne ; c'est un gaillard capricieux en amour ; mais, comme ami, il est d'une fidélité à toute épreuve.

« Il me garde mon domaine.

« J'ai un domaine ici.

« Je n'y laisse pénétrer que les coureurs de bois, mes compagnons ; pour lui, les amis des amis sont des amis.

« Et maintenant que vous avez vu mon

cerbère, je vais vous montrer le paradis qu'il surveille. »

Raoul aida la jeune femme à se lever, lui offrit son bras, et tous deux se mirent à suivre Sélim dans un passage que les Arabes appellent : trouées de lion.

Ils arrivèrent, par une pente douce, sur un sommet où Raoul arrêta sa compagne.

« Cette fois, lui dit-il, je vous préviens. »

Elle tressaillit à son bras.

— Ne craignez rien, ajouta-t-il. La surprise est agréable; voilà l'enchantement promis.

Ils firent dix pas en avant, et la marquise poussa un cri de surprise et d'admiration.

XXXII

Un paradis perdu.

La marquise se trouvait au bord d'un abîme, au fond duquel se déroulait le plus joli paysage qu'on pût rêver pour faire contraste.

Qu'on s'imagine un entonnoir gigantesque, entièrement clos par des entassements de rocs

Des crêtes à la base : les sublimités de la nature, quand elle s'est plu à faire de l'horrible.

Gouffres béants !
Blocs surplombants !
Grottes mystérieuses !
Torents mugissants !
Végétation bizarre !
Arbres nains !
Granits géants !

Et tout cela bouleversé, tourmenté, s'amoncelait dans un désordre inouï pour former un effet grandiose.

Puis tout à coup, au fond de la gorge, sans issue, l'œil étonné apercevait un Eden microscopique, où se dessinait un jardin délicieux d'où montait le parfum des fleurs; çà et là apparaissaient des bosquets ombreux de citronniers, d'orangers et de figuiers aux fruits d'or et d'émeraude!

Un ruisseau tranquille susurrait sous l'herbe épaisse!

Un champ de maïs poussait sans culture ses plants verdoyants et dressait ses panaches élégants.

Bref, c'était là un paradis dans un enfer! La vie au fond du chaos!

— Voici mon séjour, Marie, dit le chasseur; je ne me doutais guère qu'une jolie femme viendrait y passer quelques heures!

— Quelle délicieuse retraite! murmura-t-elle.

— On y serait adorablement pour s'aimer...

Elle le regarda, puis baissa les yeux...

— C'est une féerie, reprit-elle; on ne sait par quel chemin descendre.

— Ce chemin, je l'ai cherché longtemps; d'autres aussi l'ont cherché; seul je l'ai trouvé.

— En sorte que les indigènes ne sont jamais descendus là, et que vous y êtes à l'abri !

— Complètement. Mes amis seuls savent mon secret et je vais vous le dire.

Le jeune homme, montrant le bord du précipice à la marquise, lui indiqua un chêne-liège six fois centenaire, qui étendait ses rameaux au-dessus du vide.

— Voilà ma porte, dit-il.

L'arbre était creux.

Raoul débarrassa d'une couche de feuilles sèches et de terreau, le fond du tronc, dans lequel il entra ; puis il tira à lui une racine qui semblait s'enfoncer fort avant et qui en réalité était coupée à quelques centimètres.

C'était l'entrée d'un couloir étroit fournissant juste passage à un homme.

—Voilà, dit le chasseur, un passage que je me suis pratiqué patiemment et où, même quand un indigène le trouverait, il n'oserait s'engager, car vous devez voir que c'est le trou le plus noir, le moins attrayant.

— Il me faudra passer par là !

— Oui.

— Raoul, fit la marquise, j'aimerais mieux la porte cochère de mon hôtel ; mais nécessité n'a pas de loi.

— Je descends le premier, dit le jeune homme.

Il se laissa glisser et disparut.

Elle savait bien, la marquise, qu'il n'y avait aucun danger; mais ce terrier était si sombre qu'il lui répugnait d'y descendre; la voix de Raoul l'appela.

Alors elle avança timidement un pied, puis l'autre, et se laissa aller en fermant les yeux.

La pente était si douce qu'elle fut surprise de se trouver au bas sans secousses.

Une main serrant la sienne dans l'obscurité la guida; on fit une vingtaine de pas et le jour parut.

— Où sommes-nous? demanda la jeune femme.

— Dans une des grottes creusées aux flancs du précipice par la rencontre de plusieurs rochers lors du cataclysme qui l'a formé; je n'ai pas eu dix mètres de terrain à creuser pour établir ma communication.

— Mon cher Raoul, je marche de surprise en surprise, et il me semble que je suis en plein fantastique quand je songe qu'il y a à peine quatre fois vingt-quatre heures, nous étions à Marseille, ensemble dans cette barque...

— Où je conçus un espoir bien vite en-
volé.

Elle sourit à cette allusion.

Ce sourire, il ne sut comment l'interprè-
ter.

Ils parvinrent au bord de la grotte.

Là, des parois à pic ne permettaient pas
d'aller plus loin ; mais Raoul souleva une
pierre sous laquelle se trouvait une échelle
de cordes

Il l'assujettit.

— Je descends, dit-il ; une fois à cette
plate-forme que vous voyez, à dix mètres
sous nous, un chemin nous mènera tranquillement à mon gourbi, et nos épreuves
seront finies.

Le chasseur mit le pied à l'échelle et
gagna rapidement la plate-forme ; il y main-
tint l'échelle.

— Allez, Marie ! dit-il.

Elle avait un burnous, Marie de Nunez,
mais un burnous, voire un haïque, sont des
voiles indiscrets pour cacher certains tré-
sors.

Quand elle fut à terre, Raoul était bien
rouge ; elle aussi ; ils échangèrent un regard embarrassé.

Elle y mit de la malice, elle ; son sourire

lui revint aux lèvres : ce sourire que Raoul ne savait s'expliquer.

Il retira l'échelle.

— Comment remonterons-nous? demanda la marquise.

— Nous avons un moyen de sortie; mais il est impraticable à la descente.

— Bien, mon ami. Du reste, sortirons-nous de sitôt?

— Que voulez-vous dire ?

— Rien.

Et elle sourit encore.

Oh! ces femmes qui méditent un projet, comme elles savent le dissimuler, vous inquiétant, vous préparant par des transes, vous jetant au cœur la soif de savoir leur secret.

On descendit.

Sélim grognait en haut des crêtes.

Le pauvre lion ne pouvait s'habituer à l'impossibilité de suivre son maître.

Plus on approchait, plus le paysage devenait charmant, plus le chemin allait en s'élargissant.

Il était environ midi ; le soleil tombant d'aplomb, éclairait la campagne qui rayonnait sous ses baisers de feu ; des milliers d'oiseaux, attirés par l'abondance de la végéta-

tion, chantaient sous la ramée, des nuées
d'insectes bruissaient sous l'herbe ; il semblait que la nature fût en fête gaiement.

A travers un épais bouquet de lentisques,
la marquise crut distinguer une cabane.

Peu à peu la maisonnette se dessina.

C'était un gourbi.

Rien de plus coquet, de plus gracieux,
de plus frais que ce nid humain.

Creusé à la base d'un escarpement, à de-
mi caché dans le sol, fait de branchages
entrelacés, couvert de palmes aux larges
feuilles, laissant circuler l'air et ne proté-
geant que juste ce qu'il fallait contre l'hu-
midité des nuits et la chaleur des jours, ce
gourbi, extérieurement, évoquait des pen-
sées de bonheur calme et agreste qui sont
au fond de tout cœur humain.

La marquise en traversant les jardins,
en respirant l'air embaumé, en voyant
autour d'elle la terre en liesse, éprouva un
vague désir de rester longtemps dans ce
coin reculé du monde.

— Si j'étais complètement tranquille au
sujet des Arabes dit-elle à Raoul, je serais
ravie.

— Et comment voulez-vous qu'un Arabe
vienne nous troubler ici, ma chère Marie?

— S'ils s'apercevaient un jour, en passant dans la forêt, de notre présence dans ce singulier vallon !

— Ils n'y sauraient descendre. Puis j'ai, vous ai-je dit, un moyen de fuir, par une seconde issue.

Montrant ensuite à la jeune femme un burnous :

— Ceci nous protège, du reste, dit-il.

— Sommes-nous donc tellement déguisés que les indigènes ne nous reconnaîtraient pas?

— De près, je les tromperais, moi.

— Vous... mais moi?

— Ils ne vous verraient que de loin. Or, ces pauvres Arabes sont très susperstitieux, et il court sur le vallon des bruits légendaires qui en écartent les plus braves :

« D'abord, la partie du bois qui nous environne est sacrée : on n'y ramasse même pas les branches mortes ; ce coin de forêt est consacrée à un marabout fameux.

Ensuite le vallon passe pour être hanté par des djenouns ou démons familliers, qui affectent tantôt la forme humaine, tantôt la forme d'un animal. »

— Les indigènes sont naïfs comme nos

Bretons, à ce que je vois, dit la jeune femme.

— Dix fois, cent fois plus naïfs.

« Le surnaturel leur inspire une crainte respectueuse, et ils frisonnent à l'idée de venir ici.

« Quelques-uns, des téméraires, se son égarés timidemeut de ce côté ; les uns ont vu mes gazelles, les autres Sélim, mon lion, d'autres la fumée de mon feu ; peut-être en est-il qui m'ont vu moi-même ; mais ils se sont sauvés.

« Au village, ils ont raconté que les dje-nouns leur avaient apparu en troupeaux de gazelles, paissant au fond de l'innaccessible vallée, que dans la peau d'un lion un esprit gardait le ravin ; que le vieux marabout lui-même se promenait dans ses jardins.

« Et tout le village de trembler.

« De temps à autre, j'entretiens la terreur salutaire de ces imbéciles par que'ques moyens bien combinés; ainsi je me suis grimé, avec une barbe blanche comme la neige que je m'étais procurée à la mort d'un de nos plus vieux chasseurs, et l'ayant, je suis allé me promener en plein marché; Sélim me suivait !

« Toute la population prit la fuite.

« A vingt lieues à la ronde, il ne fut bruit
que de l'apparition du fameux marabout
Sidi-il-Eliacim !

La marquise rit de l'histoire.

— Mon cher Raoul, fit-elle, vous avez
l'air toujours si sérieux que je ne vous ima-
ginais pas capable de pareilles plaisante-
ries.

— Je suis peu jovial de ma nature, c'est
vrai; mais quand il s'agit de ma sûreté, je
ne recule pas devant un bon tour à jouer
aux Arabes. En serais-je déchu dans votre
esprit?

— Quelle folle question !

— Tiens ! fit tout à coup Raoul, voici ma
gazelle favorite ! Ici, ici, Falouque !

Bondissant à travers les arbres, la gazelle
accourut et vint tomber aux pieds du jeune
homme.

— C'est le mâle de mon troupeau, dit-il,
celui qui conduit la bande; tenez, toute la
famille accourt.

La marquise, en effet, se trouva tout à
coup entourée d'une dizaine de femelles,
suivies de leurs petits; tous faisant fête au
maître de retour à la maison.

C'était un tableau patriarcal.

— Je vais me figurer, dit la marquise, passer une saison dans un chalet suisse.

— Une saison !

— N'avez-vous pas l'intention de demeurer ici quelque temps, mon cher Raoul ?

— Quelques jours seulement pour organiser notre voyage vers le première ville française.

— Ah! fit la marquise.

Et son sourire lui revint encore.

Cette fois Raoul ne put s'empêcher de demander.

— Pourquoi donc avoir cet air railleur? Vous semblez cacher quelque arrière-pensée.

— Vous vous trompez, mon ami. Je suis contente de me trouver ici après tant de périls encourus.

— Marie, vous me cachez quelque chose.

— Du tout!

— Soit! Je n'ai pas le droit de vous questionner davantage, entrons au gourbi.

Il poussa la porte de feuillage et se recula tout à coup; puis se retournant vers la marquise :

— Ma chère Marie, dit-il, vous allez avoir besoin de courage; cette fois, je vous préviens!

— Qu'y a-t-il? parlez vite !

— Un spectacle affreux nous attend.

— Raoul, ne me tuez pas avec vos réti-
cences.

— Il y a là, dans le gourbi...

— Quoi ! grand Dieu !

— Au fait, regardez.

Elle avança la tête et poussa un grand
cri.

Deux cadavres gisaient au fond du gourbi,
étendus et enlacés; c'était celui d'un chasseur et d'une femme.

La mort datait de la veille à peine.

Raoul fit asseoir la marquise hors de la
maisonnette et saisissant les deux corps, il
les porta devant la porte, les examinant
avec attention.

— Pauvre Antonio! dit-il, en reconnais-
sant un de ses amis; je savais bien que sa
maladresse lui serait funeste quelque jour.

Et à la marquise :

— Marie, ma chère, je puis vous expliquer ce qui s'est passé; ceci est un drame
d'amant.

Il s'assit près d'elle :

— Petite poltronne, dit-il en lui prenant
les deux mains, écoutez cette histoire.

« Le chasseur dont les restes sont là, fut un brave; mais un maladroit.

« Il tirait mal.

« Il y a dix jours, le pauvre garçon a visé une panthère dans la forêt...

— Mais Raoul...

— Mais Marie, je vous vois venir; comment puis-je savoir, n'est-ce pas ?

Elle fit un signe approbatif.

— Je vous rappellerai que certain chêne a été frappé d'un projectile dans le bois.

— Je m'en souviens.

— Que l'arbre était fortement entamé.

— Vous l'avez remarqué, c'est vrai.

— Eh bien! si la balle a touché l'arbre, elle a manqué l'animal auquel le tireur la destinait; c'est évident, n'est-ce pas?

— Je commence à comprendre.

— Or, la bête était une panthère?

— Pourquoi?

— Voyez les traces de sa griffe sur le corps de ce malheureux garçon!

Et Raoul mit des plaies à nu.

— Cachez-le! s'écria la marquise.

Il laissa retomber le vêtement qu'il avait soulevé et il continua :

— Une jeune femme, celle-ci, suivait partout Antonio; c'était sa compagne fidèle;

une brave fille et une fille brave, celle-là,
chère Marie.

— Un reproche !

— Ai-je le moindre droit de vous en faire ?

— Vous pourriez me souhaiter plus vail-
lante !

— Si vous étiez ma femme, oui ; mais
comme nous ne pouvons nous aimer,
comme nous ne serons jamais que des amis,
comme il y a entre nous la barrière de nos
deux orgueils, comme...

— Ah ! mon ami, dit la jeune femme en
riant, grâce pour le reste ; revenons à notre
histoire.

Raoul un peu dépité reprit :

— Bref, Antonia, qui sans doute était à
la chasse aussi, porta secours à son mari,
quand la panthère bondit sur lui, après ce
coup de fusil manqué.

— Une héroïne, cette Espagnole !

— Non. Une amante bien éprise, voilà
tout.

Il montra le sein de la jeune femme
lacéré de larges blessures.

— Elle a dû se jeter à coup de couteau
sur la panthère après avoir fait feu de ses
pistolets, dit Raoul ; il y a eu lutte corps à
corps. L'animal a dû fuir en lâchant prise ;

Antonio et sa femme se sont traînés jusqu'ici; puis le chasseur est mort après plusieurs jours de souffrance.

— Et elle ?

— Lui n'étant plus, qu'eût-elle fait ? Elle
a pris son couteau et, quoique pouvant
survivre à ses blessures, elle s'est tuée sur
le cadavre de son amant.

La marquise se leva.

— Raoul, dit-elle, l'amour vrai est chose
sainte; deux grands cœurs battaient dans
ces poitrines-là; nous leur devons un dernier hommage.

— Et nous allons le leur rendre.

Le jeune homme entra dans le gourbi,
fouilla dans une sorte de cave, y prit un
outil et se dirigea vers son jardin sous un
oranger.

Il y creusa un trou profond.

Pendant ce temps, la marquise priait à
genoux profondément émue.

Raoul prit ensuite les cadavres et les
coucha dans la tombe après les avoir enlacés
comme ils étaient unis au moment de
l'agonie d'Antonio.

Au moment où la terre retombait sur ces
cadavres, deux hurlements retentirent.

Raoul leva la tête et vit deux lévriers.

— Ce sont les chiens d'Antonio, dit il.

— Pauvres bêtes ! murmura la jeune femme.

Ils achevèrent leur triste besogne.

— Et ma'ntenant, dit Raoul, quand tout fut fini, qu'ils dorment en paix ! Ils se sont aimés, ils ont passé dix ans ensemble, ils ont plus vécu que ceux qui arrivent à cent ans sans avoir connu la passion.

Il prit alors les deux mains de la marquise :

— Vous voilà attristée, fit-il.

— Non, mon ami.

Il fut étonné.

— Je ne suis pas la même au moral qu'au physique, dit-elle. Un danger matériel m'épouvante ; mais une scène comme celle ci ne m'effraye pas. J'ai au cœur beaucoup de pitié pour ces pauvres amoureux ; mais au fond, je jalouse leur passé.

« Dix ans !

« Une éternité !

— Si vous aviez voulu, Marie...

— Ah oui ! si j'avais voulu... et vous Raoul... si vous aviez voulu aussi.

— Jamais, dit-il, aux conditions que vous m'imposiez ; il n'y a pas d'amour vrai sans la soumission aveugle, absolue de la femme à l'amant.

Puis, comme elle le regardait avec ses grands yeux noirs, et comme il sentait une flamme l'envahir, il se roidit contre toute faiblesse et entra dans le gourbi.

Ah! comme elle souriait fièrement Marie de Nunez, en le suivant dans la cabane.

Celle-ci était adorablement meublée.

La jeune femme ne s'attendait pas à ce luxe bizarre et champêtre.

Un lit, fait de deux troncs d'arbres supportant une claie, occupait le fond de la salle; mais ces pilliers agrestes étaient sculptés avec un art original et simulaient deux sphinx couchés sur le sol.

Les têtes avaient un caractère si puissant que le talent de l'artiste devait être hors ligne.

— Est-ce vous qui avez fouillé ces troncs d'arbes d'un ciseau si habile? demanda la jeune femme.

— Oui, dit-il.

— Vous êtes donc cet artiste complet qu'étaient jadis les Michel-Ange et les Léonard de Vinci! Vous avez donc toutes les aptitudes! Ah! mon cher Raoul, quel malheur que mon orgueil me sépare de vous!

Il voulut savoir quel sens avaient ces mots ; il regarda la jeune femme.

Elle était aussi impénétrable que les sphinx qu'elle admirait.

— Quelle couche moelleuse, dit-elle, en tâtant de la main les fourrures épaisses dont la claie était couverte ; c'est un vrai lit d'amoureux.

Raoul ne savait que penser ; il leva la tête et regarda la marquise qui dit :

— Mon ami, cette réflexion vous froisse-t-elle ! Dois-je être bourgeoise, rougir à volonté, afficher des pudeurs ridicules à la moindre allusion ?

— Non ! non ! dit Raoul en riant ; redevenez grande dame et soyez encore cette femme supérieure que j'estime tant à cause de la virilité de son esprit.

— Merci de la permission, mon cher Raoul, fit-elle avec une pointe de raillerie ;

Et elle continua à s'extasier sur le gourbi.

Elle foulait aux pieds un tapis fait de peaux de panthères ; elle voyait aux murs des panoplies rutilantes de pierreries, garnissant des crosses et des poignées d'armes.

Un coffret élégant taillé en plein cœur de chêne attira son attention.

Elle l'ouvrit.

Il était rempli de parures orientales d'un prix fabuleux, parures de femme !

— C'était le trésor d'Antonia, dit-elle.

— Oui, elle aimait, je le sais, à se parer pour son mari, le soir au retour des chasses.

Raoul jeta un regard autour de lui, vit une caisse poussée sous le lit et l'attira à lui.

— Vous trouverez-là, dit-il, vous trouverez, j'en suis sûr, des costumes espagnols, orientaux et français; Antonio me disait qu'il avait dix femmes au lieu d'une. Un soir c'était une Mauresque qui se courbait à ses pieds sur un coussin, le lendemain c'était une Parisienne qui sautillait sur ses genoux; aux heures de la sieste, Antonia dansait des boléros andaloux devant lui.

— Une femme protée, comme vous me le disiez une fois, me parlant de votre idéal.

— Oui toutes les femmes en une, le rêve des hommes supérieurs.

La jeune femme ouvrit la caisse et en tira des robes soyeuses, des vestes cata-

lanes, des sedrias arabes qu'elle étala devant elle.

— Tout ceci me semble fort joli, murmura-t-elle; cette jeune femme avait du
goût.

« Raoul ?

— Vous désirez ?

— Être seule, mon ami; ce costume
masculin me pèse et m'ennuie.

— Je sais, dit-il; je vous laisse à votre
toilette et vais m'occuper du dîner

— Au fait, j'oubliais que je meurs de
faim. Dînerons-nous à peu près bien.

— Je l'espère.

Il s'éloigna.

Il était tout rêveur, pressentant quelque
chose d'extraordinaire dans l'attitude bizarre de la jeune femme; toutefois, il s'en-
quit du repas

Une heure s'écoula.

Lui, s'impatientant.

Elle...

Enfin elle se montra sur le seuil.

Ce fut une délicieuse apparition.

Elle avait natté ses longs cheveux qui
tombaient en deux tresses soyeuses sur
ses épaules; sa taille s'emprisonnait dans
l'étroit corsage d'une robe de velours un

peu courte, mais qui laissait voir un pied charmant.

Pour une toilette improvisée, celle-là laissait bien peu à désirer.

— Suis-je supportable ainsi? demanda-t-elle à Raoul, qui s'avançait.

— Vous êtes trop séduisante, répondit-il.

Elle lui donna sa main à baiser et elle sentit que les lèvres du jeune homme frémissaient.

Un éclair de triomphe resplendit dans ses yeux.

— Dînons-nous? demanda-t-elle.

— Quand vous voudrez, tout est prêt.

— Apprenez-moi comment je dois dresser le couvert, mon cher Raoul.

— Voici la table, dit-il.

Il montrait le gazon formant un magnifique tapis vert devant le gourbi.

— Quant aux assiettes, reprit-il, voici de larges palmes qui nous en tiendront lieu.

Il allait en cueillir, quand elle lui dit :

— Laissez-moi ce soin. Ceci est dans mon rôle, les soins du ménage me regardent.

Elle s'approcha d'un feu qui flambait cuisant les mets improvisés par Raoul; c'était

d'abord un lapin de garenne avec des
cœurs de palmiers nains hachés.

Puis une perdrix rôtissant à la soubise.

Enfin des patates sous la cendre.

Pour dessert des arbouses, des raisins,
des oranges et des fraises.

— Vous m'apprendrez à faire la cuisine,
n'est-ce pas, mon cher Raoul? fit la marquise. Il doit vous en coûter de me servir
ainsi et de vous occuper de ces soins là !

— Pour le peu de temps que nous avons
à passer ici, dit-il, à quoi bon vous initier
aux connaissances culinaires que chacun
doit posséder?

— Savons-nous si nous resterons longtemps ensemble dans les bois?

— Encore sept ou huit jours.

— On ne peut répondre de rien.

— Je réponds, moi, que nous partirons
d'ici, demain, pas plus tard.

— Et si j'étais fatiguée ?

— Ce serait pour après-demain.

— Et si j'avais la fantaisie de goûter un
peu à cette vie sauvage que vous menez,
qui commence à me plaire, que diriez-vous?

— Je vous supplierais, Marie, de re-
noncer à votre caprice, que je trouverais
dangereux.

— Et si le danger m'attirait.

— Il ne s'agit pas du vôtre.

— Je comprends, une femme à protéger, vous expose à être pris par vos ennemis. J'étais égoïste et sotte ; pardonnez-moi, Raoul.

Il la fixa, puis soudain la prit dans ses bras et s'enfuit avec elle au fond du gourbi.

Là, se mettant à ses genoux :

— Ma chère Marie, dit-il, de grâce, ne jouez pas avec moi un jeu cruel.

— Voilà un reproche immérité ! s'écria-t-elle ; que vous ai-je donc fait ?

— Vous me rendez fou !

— Moi !

— Oui, fou d'amour et de colère. Vous me savez épris, vous me savez déterminé à ne pas manquer à cette dignité d'homme qui m'est chère, parce que sans elle je sais ce qu'il advient des amours ; vous savez enfin que je lutte avec héroïsme pour ne pas tomber à vos pieds et vous dire : voilà un esclave : prends-le ! Vous savez tout cela, et vous êtes coquette, vous vous rendez irrésistible ! Epargnez-moi ; aussi bien j'en appelle à votre générosité ; la victoire vous serait trop facile.

Puis, se relevant et s'asseyant près d'elle :

— Allons, Marie, dit-il ; plus de tentatives pour me courber sous votre joug. Je cé-
derais, soit, vous me domineriez, soit ; puis
un jour ou l'autre vous vous lasseriez d'un
pantin sans volonté, ou je me lasserais de
mon rôle humiliant et tout se terminerait
par une catastrophe.

Il attendait une réponse.

— Dînons ! dit-elle.

Elle se leva et sortit.

Lui, soucieux la suivit.

— Allons, sultan, lui dit-elle en riant,
assieds-toi, ton humble esclave va te servir.

— Raillez, raillez, dit Raoul, mais je
souffre.

-- Pauvre garçon !

Et riant aux éclats, elle apporta le dîner
et s'assit en face de lui.

Ils mangèrent en silence ; elle, le regardant à la dérobée, lui, sombre et ne levant
pas la tête ; cette situation lui pesait lour-
dement.

— J'ai bien soif, mon cher Raoul, dit-elle ;
dans quoi allons-nous puiser de l'eau ?

— Attendez ! j'ai du vin ! dit-il. Du
moins je dois en avoir.

Il alla fouiller dans un coin du gourbi et revint avec une gourde.

— Voilà, quand elle est pleine, la provision de huit jours, dit-il.

— Où la renouvelez-vous ?

— Au fort français le plus proche.

— Et les coupes ?

— N'avons-nous pas ces feuilles de lavecelles qui nous en tiendront lieu.

Il lui montra à rouler une de ces feuilles en cornet, et versa.

— A votre santé, Raoul ! dit-elle.

— Merci ! fit-il brusquement.

— Boudeur ! répliqua-t-elle. Je n'ai mis aucune méchanceté à ce que j'ai fait ; cessez de m'en vouloir ; voyons faisons la paix.

Il trinqua de mauvaise grâce.

— Mon cher, lui dit-elle, vous êtes un mauvais convive ; vous avez le caractère le plus détestable qu'on puisse voir. Notre repas aurait pu me sembler charmant ; un sourire de vous en face de moi, avec un sourire du soleil qui est là-haut et qui ne boude pas, lui ; un peu de gaieté et d'amabilité chez mon hôte, quand il y a tant d'invitations muettes à la joie autour de nous, cela m'eût rendue bien heureuse.

— Vous avez raison, dit-il; tenez, me
voilà redevenu maître de moi.

— A la bonne heure! fit-elle. Maintenant
donnez-moi votre bras et visitons ce domaine.

Il s'exécuta de très bonne grâce.

Le vallon ou l'entonnoir, comme on vou-
dra appeler ce singulier site, si petit en
apparence vu de haut, était très vaste; pendant une heure, ils le parcoururent en tous
sens.

Au bout d'une heure, la marquise eut une
idée d'enfant; elle voulut grimper sur une
roche à la pointe de laquelle pendait une
fleur.

— Mais cette fleur je vais vous la donner,
dit Raoul; tenez.

— Non, je désire la prendre moi même,
interrompit-elle avec mutinerie.

— Vous êtes trop petite!

— N'avez-vous pas vos grands bras pour
me porter, monsieur le tyran?

Il la saisit par la taille et l'enleva; elle
cueillit la fleur.

— Je l'ai, dit-elle.

Raoul la redescendit.

— Comme vous êtes pâle! fit-elle.

— Est-ce donc étonnant que je sois ainsi

ému, troublé, affolé. Je vous étreins de mes
dix doigts, je sens mon cœur battre et se
rompre ; je...

« Il faut en finir.

— Grand enfant, lui dit-elle tout à coup
en lui jetant la fleur au visage, finissons-en
puisque tu le veux.

Et elle se sauva vers le gourbi.

Mais il l'atteignit bien vite.

Se sentant sur le point d'être prise, elle
se retourna vivement et se jeta à son cou
et cacha sur son épaule sa tête alanguie.

Il l'emporta.

— Tu ne comprenais donc pas, lui dit-
elle, que depuis le moment où je t'avais
revu, j'étais décidée à te faire tous les sacrifices que tu exigerais.

— J'espérais... dit-il.

— Aurais-tu résisté longtemps encore ?
demanda-t-elle.

— Je me sentais vaincu. Et je te sais gré
d'avoir épargné une défaite à mon orgueil.
Jamais je ne me serais pardonné cette faiblesse.

— Et tu aurais eu raison. Vois-tu, le soir
où tu m'as fui, je t'ai admiré plus que je
ne saurais dire. Le jour où nous nous sommes retrouvés, j'étais à toi ; depuis j'ai

compris de combien l'homme dépasse la femme en intelligence, et pourquoi il doit régner sur elle ; mais en revanche, que nous vous sommes supérieures par le cœur !

— Tu me l'as bien prouvé, dit-il, en tombant à ses genoux.

Et de longtemps ils ne parlèrent...

En ce moment un homme parut au sommet des crêtes ; il portait un costume indigène.

— Pardieu ! murmura-t-il en espagnol, ils sont là, j'en suis sûr, et j'en aurai le cœur net.

Il entendit du bruit dans les feuilles.

Sélim accourait ; mais il était encore assez éloigné pour que l'homme pût fuir sans être vu par le lion.

XXXIII

Le piège.

Beaucoup d'Espagnols, repris de justice, bandits, forçats des présides, viennent se réfugier au Kiss parmi les tribus farouches qui les accueillent avec joie, lorsqu'ils consentent à devenir musulmans.

Au village que Raoul avait incendié, se trouvait un de ces renégats.

Cet homme n'avait aucun préjugé, lui; il ne se laissait pas influencer, comme les indigènes, par la réputation des chasseurs; il ne croyait pas aux revenants; il se doutait que le vieux marabout du ravin mystérieux était tout simplement quelque coureur de bois.

Furieux d'avoir eu sa maison brûlée, désireux de conquérir au douar une grande renommée, ayant soif de vengeance, il se décida à pénétrer le secret du ravin.

Il venait de le deviner.

Courant aussitôt à travers bois, il gagna le douar et, montant sur le minaret de la mosquée, il cria : Aux armes! d'une voix stridente.

En un clin d'œil, la tribu entière se présenta sur la place de la mosquée.

Toutes les têtes étonnées, stupéfaites, effarées, se tournaient vers le renégat.

Celui-ci, avec une ardente éloquence, échauffa tous les courages.

Il prouva que le vieux revenant n'était autre que le *Coupeur de têtes*; il expliqua le prodige de son apparition lorsqu'il s'était montré suivi d'un lion, et il entraîna tous les guerriers du douar à sa suite vers le ravin.

Une rage froide s'était emparée des Marocains, ils marchaient sombres et déterminés.

Ils s'attendaient à livrer bataille à ce lion improvisé qui gardait les abords du refuge; et ils savaient par expérience, que, si nombreux qu'on pût être, c'était là une chasse dangereuse.

D'autre part le Coupeur de têtes, ce terrible ennemi, se défendrait à outrance ; mais chacun comptait les forces du douar.

Cinquante cavaliers !

Trois cents fantassins !

Une véritable armée !

Aussi les courages s'affermissaient-ils.

Cependant, en arrivant près de la forêt, les cavaliers d'avant-garde montrèrent de l'hésitation.

A chaque instant le lion, débusquant de quelque fourré, pouvait s'élancer.

Puis, le fusil du Coupeur de têtes était peut-être braqué sur quelque poitrine ; et l'on savait que le coup parti, un homme était mort ; que, rapide et prompt, le tireur disparaissait et restait introuvable jusqu'au moment où un nouveau projectile venait jeter un homme par terre.

Puis, le bois sacré inspirait par lui-même une superstitieuse terreur.

Mais le renégat espagnol donna l'exemple de l'audace ; il flagella les guerriers de quelques mots méprisants et entra dans la forêt.

On le suivit.

Qui eût vu les Marocains, pâles sur leurs coursiers, baissant la tête quand les branches frémissaient sous la brise, qui les eût vus, se fût fait la plus grande idée de l'ennemi qu'ils allaient combattre.

Ils avaient peur.

Néanmoins, ils arrivèrent au vallon sans encombre ; ni le Coupeur de têtes, ni le grand lion roux, ni les souloughis d'Antonio ne parurent.

Les plus braves s'avancèrent sur le bord du précipice ; et, tremblants, mais curieux, regardèrent la vallée anxieusement.

Rien !

Rien ne parut.

L'Espagnol, hardi, téméraire même, proposa de descendre dans l'asile des coureurs de bois ; il y eut un frémissement dans la troupe.

Descendre par où ?

L'abîme était béant.

Puis qu'adviendrait-il des premiers qui parviendraient en bas des rampes escarpées ?

Mais le renégat était poussé par une force plus grande encore que le désir de la vengeance : l'espoir !

Il avait vu, au milieu des fleurs, une forme féminine adorable ; il était nouveau dans le douar, on lui avait donné pour épouse une négresse laide et déguenillée ; il voulait mieux.

Il voulait cette admirable créature, qu'il avait contemplée du haut des rocs et dont le suave profil, la taille svelte, les contours charmants se dessinaient à son regard enchanté sous les palmiers de la vallée.

Il était hors de l'Europe, hors des Espagnes, sans espoir de retour.

Il se voyait réduit aux bestiales amours du harem; il avait chance de s'emparer d'une Européenne et il saisissait cette occasion avec ardeur.

— Si la tribu, dit-il, veut m'assurer la possession de celle qui accompagne le Coupeur de têtes, je descendrai le premier.

— Va, c'est juré! s'écrièrent les guerriers.

— Dénouez les ceintures! ordonna l'Espagnol.

Chacun déroula l'écharpe dont il était ceint; et les cordes en poil de chameau, dont les haïques étaient entourés, furent défaites; le douar fabriqua un immense câble, capable d'atteindre le fond de la vallée, et l'Espagnol s'attacha à l'une des extrémités de cette corde par laquelle on le descendit le long des pentes.

Il avait le poignard aux dents, le fusil aux mains, et cent canons de moukalas (espingoles) dépassant les crêtes, étaient prêts à tirer.

Mais le Coupeur de têtes ne se montra pas; un silence profond régnait dans le vallon.

La corde avait été attachée à un arbre;

et le renégat, la tendant du bas, fit un appel aux plus braves ; un, deux, dix, cent indigènes se laissèrent bientôt glisser les uns après les autres et envahirent la vallée.

Un soupçon s'était élevé.

« Ils sont partis ! » pensaient les Marocains.

L'on fouilla l'asile et l'on ne trouva nulle trace des fugitifs dans la vallée.

— Ils ont fui, dit le renégat.

« Le Coupeur de têtes a débarqué de son canot avec cette femme ; il a cherché un moment de repos dans cette retraite et maintenant ils sont en marche vers Nemours ou Zebdou sur la frontière française. »

Et c'était vrai, Raoul avait quitté le ravin la veille.

Pleins de cette conviction, les Arabes ne montèrent en toute hâte.

Habiles limiers, ils trouvèrent facilement les pas de Sélim, des deux lévriers de Raoul et de Marie ; ils les suivirent rapidement.

L'Espagnol en tête menait la meute ; il dirigeait la chasse avec une rare adresse.

Lorsqu'après deux heures de poursuites, il vit que les traces devenaient plus fraîches, il arrêta ses cavaliers d'un geste et leur dit :

— Ils sont à pied.

« Nous les avons presque rejoints.

— C'est vrai ! fit un cavalier.

— Il faut maintenant se montrer très prudent. Nous allons tâcher de découvrir le lieu où ils pensent faire halte, où ils sont arrêtés peut-être déjà ; puis nous les cernerons en silence et nous attendrons que nos camarades, qui sont à pied nous aient rejoints.

Le plan fût approuvé.

Le rénégat mit pied à terre et trois guerriers seulement l'accompagnèrent.

Ils rampèrent sous les buissons dont la plaine où ils se trouvaient était couverte.

La nuit commençait à tomber.

Le soir prêtait aux indigènes ses voiles d'ombre pour cacher leur marche.

Ils gagnèrent, toujours sur la piste, les abords d'une montagne qui fermait l'horizon.

Glissant sur le sol, ils parvinrent à cent pas d'une grotte et s'arrêtèrent.

Un sourd rugissement avait retenti.

Dans la direction du son, ils aperçurent la masse énorme du lion Sélim qui, le mufle à terre, les pattes étendues, s'étirait paresseusement, humant l'air frais et les senteurs de la solitude qui s'épandaient partout.

— Ils sont là! se dirent les Arabes.

Et retournant vers les cavaliers, ils les prévinrent du succès de leurs recherches.

Une partie des guerriers tourna le point où le lion avait été vu.

L'autre s'approcha de face à cinq cents mètres et se dissimula sous les arbres.

Des émissaires furent envoyés aux gens de pied pour les engager à se hâter.

Vers onze heures du soir, tout le douar était rassemblé et les fugitifs étaient enveloppés.

L'attaque fut fixée au lever du soleil.

Il était impossible que le Coupeur de têtes pût échapper au piège qu'on lui tendait.

Des cavaliers nombreux occupaient tous les passages praticables.

Il n'avait pas de monture.

Quant à lutter contre deux cents hommes, l n'y fallait point songer.

S'il n'avait pas eu une femme à protéger, peut-être eût-il eu quelques faibles chances de salut; mais avec Marie, toute espérance était vaine.

Il n'avait qu'à mourir et à se faire un de

ces trépas glorieux, qui mettent au front d'un cadavre une immortelle auréole...

Les Marocains, résolus à vaincre, passèrent la nuit à tenir conseil.

Pendant de longues heures, ils étudièrent la position avec une patience extrême, étudiant les moyens de salut de leur adversaire et prenant les précautions les plus minutieuses.

Aussi, quand le jour parut, se sentaient-ils sûrs du succès; pas un sentier n'avait été oublié; de toutes parts un cercle infranchissable enveloppait le coureur de bois.

Et les Marocains étaient décidés aux plus sanglants sacrifices; griffes du lion, balles de l'homme, ils avaient résolu de tout braver.

XXXIV

Les amours tragiques.

Raoul avait eu hâte de gagner le terri-
toire français, il avait pressé la marquise
de quitter l'asile.

Il voulait à ses amours la sécurité, sans
laquelle on ne peut se laisser aller tout
entier aux ivresses de la possession, aux
extases des longs baisers.

Pour la première fois de sa vie, il se sentait gêné par les menaces de mort qui sont,
sans cesse, suspendues sur la tête d'un
coureur de bois.

Il avait donc emmené la jeune femme à
travers la forêt et s'était dirigé vers la
frontière de nos possessions algériennes.

Ils avaient voyagé comme deux amoureux voyagent, sans se rendre compte du
temps passé en route.

Les souloughis en avant, éclairant la marche et donnant aux amants assez de confiance pour oublier les dangers du trajet

et échanger de folles caresses à chaque
pas.

Le lion suivait à distance.

Le chemin avait paru court à la jeune
femme, elle l'avait fait presque toujours
suspendue aux bras de son amant, les lèvres sur les lèvres, son regard noyé dans le
sien.

Souvent, sur quelque tapis de mousse,
elle avait voulu s'asseoir à l'ombre des arbres touffus, oliviers géants ou gigantes-
ques figuiers, comme il en croît dans l'Atlas.
Et là, oublieuse de la situation étrange
où elle se trouvait, fermant les yeux au
monde extérieur, elle s'isolait avec lui dans
sa passion, se livrait à ces exaltations déli-
rantes qui font de l'amour une folie furieuse; une folie dont les accès laissent le
cœur brisé, l'intelligence anéantie, le corps
pantelant.

Elle était bien telle qu'il l'avait voulu ;
elle se livrait sans réserve, tout entière.

Elle l'enlaçait frénétiquement, lui donnait
avec fureur mille baisers brûlants ; puis,
tendre, affectueuse, alanguie, elle avait,
pour lui, les ineffables sourires de la reconnaissance féminine.

C'est ainsi qu'ils gagnèrent une grotte

connue de Raoul et où celui-ci comptait passer la nuit.

Ils s'y installèrent.

Après avoir été sa maîtresse sous les ombrages de la route, elle voulut être sa femme.

Elle avait été belle et passionnée.

Elle se fit gentille et câline.

Elle prépara le repas, courant, allant, venant, fouillant dans son carnier, cueillant les feuilles aux arbres pour en faire des assiettes, puisant l'eau à la source voisine, étalant le biscuit sec, les viandes froides, les fruits frais; puis venant lui demander sa main en riant et en disant :

— Monseigneur est servi!

Et ils dînèrent gaiement.

— Es-tu content? demanda-t-elle.

« Suis-je assez ton esclave ?

— Trop ! répondait-il.

« Tu te révolteras un jour.

— Méchant ! tu m'as trop bien séduite, domptée, asservie ; tu le sens bien ! faisait elle.

Et son front appelait ses lèvres.

Il paraissait soucieux.

— Qu'as-tu? lui demanda-t-elle.

— Rien! fit-il.

— Ne mens pas.

« Ton front est attristé.

— Je crains d'être poursuivi.

— Pourquoi ? as-tu quelque indice ?

— Non ; mais, chère Marie, quand on possède un trésor inespéré on éprouve toujours quelque vague inquiétude. Qu'un Arabe nous ait vus passer et nous voilà com- promis.

— Qu'arriverait-il ?

— Celui qui nous aurait aperçus, avec Sélim sur nos talons, serait allé au village raconter cette aventure extraordinaire et toute la contrée se mettrait à notre recher- che.

— Après ? Nous sommes déguisés tous deux en indigènes ; on ne nous ferait aucun mal.

— Qui sait ?

— Allons ! poltron, faut-il te rappeler que je t'aime, surtout à cause de ta bravoure. Si tu trembles, je ne veux plus être ta femme.

— Folle, va !

— Pas tant que tu crois.

— Tu n'as pas conscience du danger.

— Au contraire, seulement tant que je

serais avec toi, je me soucierai peu de la mort.

— Hélas ! chère Marie, il est des circonstances où tout mon courage, toute mon adresse ne sauraient te sauver.

— Qu'importe !

— Comment qu'importe ?

— Sans doute. N'avons-nous pas vécu assez ; n'avons-nous pas eu des heures délicieuses, qui nous permettront de mourir sans regrets.

« Pour moi, je rendrais le dernier soupir dans tes bras, sans une plainte. L'amour ne permet pas d'apprécier la durée ; que nous mourions ce soir ou dans dix ans, la dernière heure venue, nous ne verrons pas derrière nous plus de bonheur que nous n'en avons maintenant. »

— Si j'étais sûr de ce que tu dis là, je serais bien tranquille sur l'avenir !

— Peux-tu douter !

Et après cette exclamation, la jeune femme se leva, prenant une résolution subite :

— Pour te prouver que je ne crains rien, dit-elle, nous allons commettre des imprudences ; nous irons chasser, tous les deux, sans précautions. Tant pis si nous rencontrons des Arabes ; tant pis si nous sommes surpris.

— Mais...

— Tais-toi. Il ne fallait pas douter.

Il sourit et prit son fusil.

Dédaigneux des dangers, ils coururent la plaine, faisant le coup de feu.

Elle s'amusait à charger les armes ; elle voulut tirer elle-même ; elle reçut sa première leçon de chasseresse et montra une verve et un entrain qui étonnèrent Raoul.

— Antonia n'aurait pas fait mieux que moi, n'est-ce pas ?

— Pardieu non ! répondait-il.

Et il était ravi.

Ils firent une chasse magnifique.

Les lévriers battaient la broussaille et faisaient lever le gibier ; Sélim, grave comme il convient à un lion, se tenait tranquillement derrière les chasseurs ; il attendait un geste de Raoul pour bondir sur un sanglier fuyant.

La jeune femme se grisait à ce jeu.

La poésie de la chasse se révélait à elle peu à peu et la fascinait ; la nuit vint mettre un terme à cette partie de plaisir.

Elle avait remarqué qu'il écorchait les gazelles et les sangliers tués.

— Pourquoi ? lui demanda-t-elle.

— Et notre lit ? répondit-il.

« Ne faut-il pas que tu sois moelleusement couchée; je veux te faire une couche royale. »

Ils se souriaient à ce mot.

En entrant à la grotte, elle eut une fantaisie.

— Cher, dit-elle, il fait une étouffante chaleur ; le ruisseau qui coule près d'ici est délicieusement ombragé ; prenons un bain.

Ils quittèrent leurs vêtements.

Deux statues antiques, descendues de leurs socles et marchant, n'auraient eu ni plus de grâce, ni plus de majesté ; c'étai un couple divin.

Quand il la vit resplendissante, aux derniers rayons du soleil couchant, il eut des éblouissements ; il voulut effleurer d'un baiser ses épaules nues; mais, capricieuse, elle s'enfuit.

Il courut...

Elle s'était plongée dans la source.

L'eau retombait autour d'elle en cascades rutilantes ; ont eût dit une pluie de perles sur un marbre de Paros.

Il demeura immobile, la contemplant ravi, n'osant plus faire un pas.

Elle, lutine, le provoqua en lui lançant quelques gouttes d'eau au visage.

Il sauta dans la fontaine et ils se jouèrent tous deux, comme des enfants ; lui, la plongeant dans le flot pur ; elle, cherchant à l'attirer à chaque chute ; et leurs rires, résonnant sous la feuillée, se mêlaient aux chants des ramiers et aux refrains du rossignol, préludant sa chanson nocturne.

Mais au feu, l'on se brûle.

On ne lutine pas toujours de jolie femme à beau garçon.

Il l'emporta tout à coup brusquement dans ses bras au fond de la grotte, vrai nid d'amour, tapissé de lierres et de vignes souvages, plein d'ombre et de fraîcheur.

Longtemps, bien longtemps, ils y restèrent cachés.

Et pendant qu'ils oubliaient tout, un orage s'amoncelait sur leur tête.

Les Marocains les entouraient, préparant à cette veille d'amour un lendemain terrible.

Vers dix heures, ils vinrent s'asseoir à côté de la grotte.

Le ciel brillait d'un vif éclat.

La solitude était silencieuse.

De loin en loin, quelques chacals glapis-

sant au milieu des ténèbres, flairant le lion,
n'osant point approcher de la grotte.

Sélim dormait couché.

Les lévriers veillaient.

Raoul remarqua qu'ils donnaient des si-
gnes d'inquiétude ; il s'en préoccupa.

Les interrogeant à la façon des chasseurs,
il s'assura qu'ils éventaient l'ennemi.

Il pâlit.

— Qu'as-tu ? demanda la marquise.

— On nous a poursuivis ! répondit-il.

Et la conduisant vivement dans la grotte :

— Il faut, lui dit il, rester ici sous la
protection de Sélim ; je vais aller en reconnaissance.

A sa grande surprise, elle ne s'effraya
point et répondit tranquillement :

— Bien, mon ami.

— Tu es donc, décidément, devenue
brave, ma chère Marie ? s'écria-t-il.

— Mon Dieu oui.

Et elle ajouta :

— Laisse-moi un pistolet.

Il détacha un poignard de sa ceinture
et lui donna en lui disant :

— Je t'ai compris, ceci vaut mieux.

Il écarta les vêtements de la jeune femme,

lui montra la place où battait son cœur, et
lui dit :

— Si je ne revenais pas et, plus tard, si
j'étais blessé gravement, tu te frapperais
là d'une main ferme ; tu mourrais sans douleur.

— Merci ! fit-elle.

Ils échangèrent une étreinte et il partit,
laissant à la grotte et le lion et les chiens.

Une heure après, il revenait.

— Eh bien ? demanda-t-elle

— Ce sont les gens du douar que j'ai
incendié, répondit-il ; ils sont nombreux.

— Combien ?

— De trois à quatre cents.

— Tu ne pourras jamais les tuer tous.

— C'est probable.

— Alors, nous sommes perdus ?

— Je le crains, ma chère Marie.

— Ne peut-on fuir ?

— Impossible.

« Je viens de visiter tous les passages ;
il n'y en a que dix ou douze, et tous sont
gardés. »

— Si on essayait de forcer un point, je
t'aiderais, et tu peux être sûr de moi.

— Le passage franchi, les cavaliers nous
atteindraient toujours facilement.

— Que faire ?

— Attendre, et se battre quand ils commenceront l'attaque; nous en tuerons toujours assez pour nous faire un trépas héroïque.

Elle l'embrassa avec tendresse.

— Va, dit-elle, ne regrette rien; je n'aurais jamais aimé sans toi; nos amours auront été courtes; mais quelles âmes d'élite ne nous envieraient pas !

Puis questionnant :

— Quand viendront ils?

— Dans trois ou quatre heures, au soleil levant; ils ne risqueront rien la nuit.

— Les chiens suffisent-ils à notre garde?

— Oui, certes.

— Alors, viens.

Et elle l'entraîna.

— Nous avons encore de belles heures à passer ensemble, lui dit-elle en jetant ses bras à son cou.....

Et elle fut sublime de séductions prestigieuses; ils s'abîmèrent tous deux dans un océan de voluptés sans fin.....

XXXV

Un combat homérique.

Le jour vint.

Dès que les premiers rayons du soleil eurent empourpré la cime des montagnes, les Arabes se levèrent en masse et marchèrent sur la grotte.

Ils poussèrent des cris sauvages, provoquant leur adversaire et l'injuriant.

Ainsi font tous les peuples barbares.

Raoul se présenta sur le seuil de la grotte, le fusil en main; sa fière mine en imposa aux assaillants, qui s'arrêtèrent pour le regarder, et dont pas un n'eut d'abord l'idée de tirer, tant était grand le prestige du Coupeur de têtes.

Ils étaient à deux cents mètres environ et formaient un vaste demi-cercle.

En les voyant immobiles, et tout à coup devenus muets, la marquise, qui s'était glissée derrière Raoul, lui dit d'un air surpris:

—On croirait qu'ils ont peur!

— Ils tremblent, en effet, reprit Raoul;
ils savent bien que la victoire leur coûtera
cher, et que plus d'un mordra là poussière.

Pas un ne faisait un pas en avant.

C'est que le renom du Coupeur de têtes
était capable d'intimider les plus braves.

Tant de fois il avait soutenu des combats
disproportionnés où il avait vaincu, tant de
fois il avait exterminé des ennemis nombreux, braves et bien armés, que cette
troupe de cavaliers et de piétons redoutait
cet homme seul.

Puis, peu d'Arabes l'avaient vu.

Et tous étaient curieux d'examiner cette
belle et grande figure.

Il avait à ses pieds les grands chiens
fauves d'Antonio, couple superbe.

A ses côtés Sélim.

Sa main, calme, était posée sur la tête du
noble animal.

Derrière lui, la marquise, un peu effrayée,
se tenait demi-cachée.

C'était là un groupe admirable.

Raoul avait aux lèvres un sardonique
sourire; il méprisait ses ennemis.

— Bande de chacals! s'écria-t-il, quand

vous aurez bien rôdé autour des lions, vous vous déciderez peut-être à les attaquer !

Et de toute sa voix.

— Je suis le Coupeur de têtes ! J'ai brûlé votre douar, et mes compagnons ont eu vos femmes pour esclaves. Quand vous aurez fini de frémir, je vous attends, poltrons !

Et, brusquement, il ajusta un homme, tira et tua celui qu'il avait visé.

Une clameur furieuse retentit.

La marquise eut un premier mouvement d'effroi bien vite comprimé.

— Très bien, dit-il.

Il lui donna un baiser.

Cependant les cavaliers accouraient furieux et bride abattue.

Raoul les laissa arriver à portée de pistolet sans faire un geste.

Ses deux chiens s'étaient dressés, Sélim s'était rasé prêt à bondir.

Le jeune homme connaissait les habitudes des Arabes ; il avait dit à Marie de se jeter à terre quand il le lui commanderait.

Presque sur le point d'atteindre leurs adversaires, les cavaliers déchargèrent sur eux leurs fusils tous ensemble.

Mais au moment où les canons des armes

s'abaissaient, Raoul avait lancé Sélim et ses lévriers sur le groupe de guerriers.

En même temps il s'était baissé, et sa compagne l'avait imité.

Toutes les balles s'égarèrent.

Les Arabes sont de mauvais tireurs, surtout quand ils sont à cheval.

Sélim avait bondi.

Il retomba au milieu des chevaux.

Le choc du lion est terrible.

En un instant, une vingtaine de cavaliers furent renversés, et il y eut une scène de désordre indescriptible dans le *goum*.

Les chevaux épouvantés se cabraient, désarçonnant les guerriers; les lévriers, légers et féroces, sautant à la gorge des Arabes, les étranglaient sous leurs dents aiguës.

Sélim était splendide dans cette mêlée; sous sa griffe, les poitrines s'ouvraient béantes; sa gueule broyait bras et jambes; la poussière ensanglantée, l'écume rougie, volaient autour de lui, et les coups de pistolet des Arabes, couvrant ce tableau d'une fumée transparente, ajoutaient encore à sa poésie étrange et pittoresque.

Les chevaux hennissaient, les blessés hurlaient de douleur, les chiens poussaient

des ra quements sourds, le lion rugissait,
la poudre détonnait, et, du haut de la
grotte, la marquise assistait à une des luttes
les plus émouvantes qu'un œil humain
puisse contempler.

Raoul, aussi indifférent que si rien ne se
fût passé, tirait sur l'ennemi.

Il prenait des mains de la marquise l'un
de ses deux fusils, – car elle chargeait ses
armes, — et il abattait un homme à chaque
balle qu'il envoyait dans la mêlée.

Une dizaine de cavaliers, laissant le gros
du goum aux prises avec le lion, se lancèrent de son côté, conduits par le renégat
espagnol.

Raoul mit un large couteau à sa ceinture,
et se précipita à la rencontre de l'ennemi ;
la marquise avait à peine eu le temps de
jeter un cri qu'il était au milieu d'eux, et
que deux hommes étaient désarçonnés.

Raoul avait sifflé ses chiens.

Ceux-ci, lâchant leur proie, accoururent
lui prêter leurs formidables crocs !

C'était chose curieuse de voir les cavaliers saisis à la jambe par la main vigoureuse
du chasseur, renversés et poignardés en
quelques secondes ; au milieu d'eux, Raoul

tourbillonnait avec une foudroyante rapidité.

Le renégat, courant à Marie, venait droit à elle.

La jeune femme se jeta dans la grotte, il mit pied à terre et l'y suivit.

Elle avait en main un fusil, quand l'Espagnol entra, elle lui brisa la poitrine d'une balle presque à bout portant; el'e ne se serait pas crue capable d'un acte de fermeté comme celui-là une minute avant.

Mourir, elle s'y résignait.

Mais tuer quelqu'un !

Elle éprouva une joie bizarre en voyant tomber son adversaire, et se précipita dehors en brandissant son fusil.

Elle était en proie à l'exaltation fébrile du combat; elle était capable de tout oser.

Raoul avait étendu sur le sol quatre de ses adversaires, qui se débattaient agonisants.

Le reste avait fui.

Sélim avait causé de tels ravages dans le goum, que les cavaliers s'étaient dispersés çà et là; il y avait comme une trêve causée par la fatigue et l'étonnement; des deux parts on haletait.

Raoul appela son lion.

En arrivant à la grotte, le jeune homme vit le cadavre du renégat.

— Tu l'as tué? demanda-t-il.

— Oui, dit-elle.

Il fut fier de sa maîtresse.

La saisissant dans ses bras, il l'éleva jusqu'à lui et l'embrassa joyeusement.

— Si tu meurs, dit-il, tu mourras digne de moi, ma chère Marie.

« Mais il n'est pas certain que ces chiens d'Arabes seront vainqueurs. »

Il montra le champ de bataille.

Le sang y coulait à flots, et il était jonché de cadavres et de mourants.

Parmi ces derniers, quelques-uns se relevaient pour fuir, tenant de leurs mains crispées leurs poitrines mises à nu par les griffes de Sélim.

Le brave lion tendait vers Raoul son gros mufle rougi; il semblait dire :

— Est-ce bien?

La jeune femme, prise d'enthousiasme, saisit la grosse tête de Sélim dans ses bras et, sans dégoût, baisa ses narines fumantes.

Les chiens, dressés sur leurs pattes, lui demandèrent la même caresse; elle la leur donna.

— C'est bon, dit-elle, d'être brave, d'avoir

à côté de soi un homme courageux et des bêtes qui ne redoutent rien; on se sent joyeux et on meurt crânement.

— Chère Marie! fit Raoul; tu me combles de joie en parlant ainsi.

Elle songeait à son passé en souriant.

— As-tu dû me trouver poltronne? dit-elle; hier encore j'étais lâche!

— Tu as bien changé.

En ce moment, les Arabes se concentraient pour une nouvelle attaque.

Les gens à pied succédaient aux cavaliers, et s'apprêtaient à renouveler le combat.

—Bon! ceux-là vont nous fusiller, dit Raoul; mais on ne les craint guère.

« Rentrez tous! »

Marie, obéissante, se retira dans la grotte et les chiens aussi.

Sélim avait des velléités de résister.

—Toi aussi, rentre! dit Raoul en le poussant vigoureusement.

Le lion ne céda qu'à regret.

Raoul avait son idée.

Il se trouvait, à gauche de l'entrée de la grotte, un gros rocher appuyé sur quelques pierres formant des jours sous sa base.

Le chasseur courut à un Arabe mort, prit à celui-ci sa poire à poudre, puis à un au-

tre, et ramassa le plus de munitions possible; il revint précipitamment sur ses pas;
fit du fond de la grotte au rocher une traînée; plaça sous le rocher même deux car-
touchières pleines et rentra.

Sur la traînée, il déchargea un pistolet,
et un rideau de feu monta, alluma la mine
improvisée et détermina l'explosion.

Le rocher, soulevé, chancela, roula et vint
fermer l'entrée du souterrain, laissant toutefois, par un heureux hasard, un passage
assez large pour que Sélim lui-même pût
sortir.

Les Arabes comprirent quelle force cette
pierre énorme donnait aux assiégés.

Ils poussèrent une vaine et furieuse clameur, à laquelle Raoul répondit par un défi
fièrement jeté.

La situation s'améliorait.

Raoul avait repris quelque espoir; mais
sur son mâle visage cette lueur de salut
n'amena aucune joie.

Pour lui, âme de bronze, peu importait
ou la vie ou la mort.

Il s'était tranquillement arrangé un siège
avec des débris de pierres, et il s'était placé
commodément sur cette banquette improvisée, sa tête dépassant à peine le sommet

de la barrière de granit qu'il avait placée entre lui et les assaillants.

Ceux-ci tenaient conseil.

Raoul les laissaient discuter sans tirer, quoiqu'ils fussent à portée de fusil.

— Vois donc, dit-il à la jeune femme; et souriant : Vois donc ces malheureux Marocains tenus en échec par mon rocher et ne sachant plus que faire; ils sont capables de transformer le siège en blocus et d'essayer de nous prendre par la famine.

— Et s'ils en venaient là? fit la marquise.

— D'abord, il serait trop honteux pour eux de ne pas faire encore quelques tentatives; puis, s'ils nous jouaient ce mauvais tour de nous en réduire à mourir de faim, je les forcerais bien à nous donner une autre fin.

« Je te tuerais d'abord, ma chère Marie; puis je me ruerais sur eux.

« Mais les voilà!

« Attention! »

Les Arabes s'avançaient en effet, rampant vers la grotte pour éviter les balles.

Raoul avait ramassé, non seulement les munitions, mais aussi les armes des morts si bien qu'il disposait d'une douzaine de fusils et d'une trentaine de pistolets.

Ces derniers étaient sous sa main, posés bien à portée, tout armés.

Quant aux fusils, la marquise devait les lui passer un à un.

Raoul laissa les Arabes arriver à cinquante pas, et commença le feu.

Il visait sans hâte, tirait sûrement : sur une douzaine de coups, il n'en manqua pas un ; derrière les broussailles, on voyait s'agiter les blessés qu'il avait touchés.

Les assaillants, se voyant mal abrités par les plis de terrain, résolurent de se jeter en masse sur la grotte.

— En avant ! cria le cheik.

Et, tous ensemble, ils se levèrent, coururent résolument et franchirent rapidement la distance qui les séparait de Raoul.

Les Marocains avaient compris que, plus ils seraient audacieux, mieux ils réussiraient ; ils étaient animés d'une rage indicible et hurlaient avec fureur.

Ils étaient ivres de colère, avides de sang, exaspérés ; ils arrivaient tête baissée sur l'obstacle.

Raoul, pistolets aux poings, les attendait.

Il tira à dix pas sur les deux hommes les plus rapprochés.

Ils tombèrent.

Il ressaisit deux autres pistolets, tira encore, et fit deux nouveaux cadavres.

Il continua, avec une foudroyante rapidité et une sûreté de regard incroyable, à décharger ses armes, amoncelant les corps devant lui, arrêtant l'élan des Arabes.

La marquise eut en ce moment décisif un mouvement superbe.

Elle vint se ranger auprès de son amant, s'arma, elle aussi, de pistolets et tira sur l'ennemi avec une crânerie héroïque.

— Bravo! lui cria Raoul, bravo! Les lâches! Les voilà qui s'arrêtent.

En effet, les plus braves étant tombés, les Arabes hésitaient devant le feu infernal qui les décimait si rapidement.

— Assez, dit Raoul, alors, assez.

Et se tournant vers son lion, qui se battait les flancs de sa queue avec impatience, vers ses chiens, dont les yeux flamboyaient dans l'ombre, il leur cria :

— Allez, vous autres !

Sélim et les lévriers sautèrent par-dessus le roc, et tombèrent comme la foudre au milieu des groupes, qu'ils écrasèrent et déchirèrent avec une fauve ardeur.

En moins de rien, tout s'enfuit.

En vain les Arabes essayaient de se défendre, de tirer sur ces grands chiens féroces, sur ce lion terrible; ils se tuaient
entre eux sans atteindre leurs adversaires,
souples, agiles; sans cesse en mouvement,
impossibles à viser.

Cette singulière meute fit un carnage
horrible, et, devant elle, les hommes sem-
blaient un piètre gibier.

C'était une véritable déroute...

Le gros des Arabes s'était enfin rallié
et formé en une troupe compacte, Raoul
jugea que plusieurs centaines de balles
allaient foudroyer à la fois son lion qui
courait bravement de ce côté; le chasseur
sortit de la grotte, et, dominant le tumulte
de sa voix puissante, il appela Sélim, qui
d'abord s'arrêta, puis revint docilement sur
ses pas avec les lévriers.

Raoul profita de cette sortie pour faire
encore une ample provision de poudre
et d'armes, ramassées sur le sol ensan-
glanté.

Raoul fut surpris du rayonnement joyeux
dont la figure de la marquise resplendissait: elle était transformée.

— Tu parais ravie, dit-il.

— Je suis grisée par le combat! fit elle;
si bien grisée, que je ne songeais plus à
l'issue de cette lutte; je comprends mainte-

nant l'attraction du péril, et je suis prise
d'une envie démesurée d'aller me jeter
avec toi, notre brave lion et nos chiens,
sur tous ces bédouins-là qui s'enfuient.

Puis très cavalièrement :

— Décidément, j'étais née pour être ta
compagne, courir les bois, me battre, et
je sens en moi l'étoffe d'une femme de
guerre très distinguée. J'en suis venue à
ne pas plus faire cas de nos ennemis que
de la semelle de ma bottine. Voilà !

— Tu es charmante dans ce rôle-là ! fit
Raoul ; tu avais une vocation décidée pour
le métier de chasseresse ; dans l'antiquité,
les poètes t'eussent comparée à Diane ;
tu aurais fait, du reste, une bien jolie
déesse.

Mais les Arabes n'avaient pas tardé à changer de tactique.

Ils prirent position sur une hauteur sur-
plombant le rocher.

Tout à coup une poire à poudre allumée
pénétra dans le refuge des deux amants.

Raoul, voyant fumer la mèche du projectile, se précipita sur lui, le saisit et le
lança dehors.

Il éclata devant la grotte avec fracas ;
mais ne produisit aucun effet.

Il attendit, debout, que les Arabes lan-
çassent encore une poire à poudre.

Ils tardèrent.

Devinant que leur idée n'aboutirait à rien,
ils racourcissaient les mèches pour tâcher
que la détonation eût lieu dès que leurs
bombes d'un nouveau genre auraient touché
terre.

La marquise vint se placer à côté de
Raoul, voulant partager ses dangers.

— Nous allons jouer une bizarre partie
de volant avec nos ennemis, dit-elle en souriant un peu amèrement; nous n'avons que
nos mains pour raquettes, il nous faudra
de l'adresse.

— Bah! fit Raoul, on en aura.

Puis, entendant du bruit :

— Voilà qu'on nous renvoie le volant,
chère amie, dit-il; range-toi un peu, que
j'ai mes coudées franches.

Mais au lieu d'une poire à poudre, il en
tomba cinq à la fois.

Eclairés par le sentiment de ruse inné
chez eux, les Arabes avaient trouvé un bon
moyen d'empêcher Raoul de jeter les projectiles dehors; il fallait, en effet, à celui-ci
quelques instants pour se débarrasser de
plusieurs bombes à la fois.

Il se multiplia; mais il n'aurait pas réussi
à se débarrasser des poires à poudre si la
jeune femme ne l'eût bravement aidé.

Elle lança deux bombes dehors; la dernière lui éclata presque dans la main; elle
ne fut pas blessée; seulement elle eut les

cils brûlés et reçut une commotion qui la
fit chanceler.

Raoul la reçut dans ses bras.

— Ce n'est rien, fit-elle en se remettant
aussitôt ; plus de peur que de mal.

Elle lui donna un baiser.

— Nous nous en tirerons, n'est-ce pas ?
demanda-t-elle.

— Peut-être, répondit le chasseur. Je
crains qu'ils n'envoient tant de projectiles
à la fois, que nous ne puissions nous en
préserver.

— Si nous leur envoyions Sélim ?

Raoul regarda son lion avec intérêt.

— Viens ! lui ordonna le chasseur.

Il fit quelques larges enjambées et se
planta devant son maître, cherchant à lire
dans ses yeux ses intentions à son égard.

Et s'adressant au lion qui semblait écou-
ter de toutes ses oreilles :

— Allons, va !

— Attends, Sélim, attends, dit la marquise émue, car elle prévoyait que bien des
balles allaient trouer le magnifique pelage
de son lion.

Sélim s'arrêta à sa voix.

Elle lui jeta ses bras autour de son
énorme col et l'embrassa tendrement.

De grosses larmes perlaient sur ses joues.

— Vous avez raison, Marie, dit gravement Raoul, de traiter Sélim en ami et de

lui faire ce dernier adieu; il ne reviendra que mourant, s'il revient; ce n'est pas une bête fauve qui va mourir pour nous aveuglément; c'est un ami dévoué et intelligent qui nous sacrifie sa vie.

Et, à son tour, il embrassa son lion.

Les levriers s'étaient levés, eux aussi, pressentant quelque chose d'extraordinaire; ils étaient venus demander leur part de caresses.

— Allez, vous aussi leur dit Raoul; allez, mes braves bêtes, et tuez-en le plus possible.

Le chasseur et sa compagne étaient profondément attendris; Raoul craignit de se laisser toucher plus qu'il ne l'eût voulu.

— Adrops! ordonna-t il.

Et lions et chiens se glissèrent dehors Mais au détour du rocher, Sélim eut encore un long regard pour ses maîtres.

— Pauvre lion! murmura la jeune femme.

Raoul ne dit rien, il avait les dents serrées convulsivement.

Il écoutait.

Quelqes instants à peine s'étaient écoulés, que le bruit d'une lutte épouvantable parvint aux oreilles des fugitifs; la marquise voulut sortir et voir...

Raoul l'arrêta.

— Reste! dit-il.

« Je suis sûr que quelques Arabes nous

guettent, l'arme prête et épaulée ; ils comptent sur notre curiosité ; nous serions tués sûrement.

On avait d'abord entendu le bruit d'une décharge presque générale, ce qui fit supposer à Raoul que le lion avait été découvert avant d'être arrivé sur l'ennemi ; il avait dû recevoir plusieurs blessures.

Néanmoins, il se battait avec acharnement, car des clameurs furieuses retentissaient.

Toutefois, le combat fut court.

La mêlée parut se terminer par la retraite de Sélim, dont la masse pesante redescendait les pentes revenant à la grotte.

Les Arabes tiraient à outrance sur lui.

Il parut... Il avait au moins vingt blessures. Il n'avait plus que le souffle, et il chancela en entrant au repaire ; à peine eut-il fait trois pas qu'il s'abattit comme une masse... Il était mort.

— Pauvre Sélim, il a voulu revenir mourir ici, dit Raoul ; les chiens sont restés là-haut, tués à la première décharge.

« Je n'ai pas entendu leurs aboiements.

— Voici les bombes ! cria tout à coup la marquise ; écoute, mon ami.

— Qu'ils nous criblent ! fit Raoul ; nous ne les craignons plus, maintenant.

— Pourquoi ?

— Voilà un rempart !

Le chasseur montra le lion.

En effet, en se couchant derrière son cadavre on était abrité.

En somme, la faible enveloppe des poires à poudre ne fournissant que des projectiles insignifiants; les balles seules étaient à craindre; mais elles ne pouvaient traverser le corps d'un lion.

Les Arabes envoyèrent une trentaine de bombes à la fois; Raoul, sûr, ou à peu près, d'être abrité, se coucha à plat ventre avec la marquise derrière le lion mort, et les détonations se succédèrent irrégulièrement sans blesser personne.

Quelques balles seulement frappèrent le cadavre avec un bruit mat qui fit frissonner la marquise malgré elle.

La grotte s'emplit d'une épaisse fumée; les explosions faisaient un épouvantable fracas; pourtant, dans les intervalles, Raoul crut entendre au loin un coup de canon.

— C'est étrange, murmura-t-il.

— Qu'y a-t-il? fit la jeune femme.

— On dirait un coup de canon, répondit le chasseur; est ce l'effet de l'écho?

La dernière bombe avait éclaté.

Un coup de canon retentit très distinctement encore; mais de plus, un obus envoyé par la pièce qui tirait vint tomber au-dessus de la grotte parmi les Arabes qui hurlèrent de fureur.

Puis, la terre trembla sous le galop d'une charge de cavalerie.

Raoul se précipita dehors.

La marquise le suivit.

Ils virent tous deux trois escadrons de cavalerie française fondre comme une avalanche sur les Marocains, qui furent sabrés en un instant.

C'était la délivrance.

La marquise poussa un grand cri et tomba évanouie dans les bras de son amant.

Sauvée! murmura-t-elle.

Toute son énergie, si grande dans la lutte, était tombée avec cette joie inattendue...

Nous arrêtons ici la première série des aventures du *Coupeur de Têtes*.

L'auteur compte donner bientôt une suite à cet ouvrage qui est entièrement acquis à la *Petite Bibliothèque Universelle*.

FIN

Paris. — Typ. Collombon et Brûlé, rue de l'Abbaye, 22.

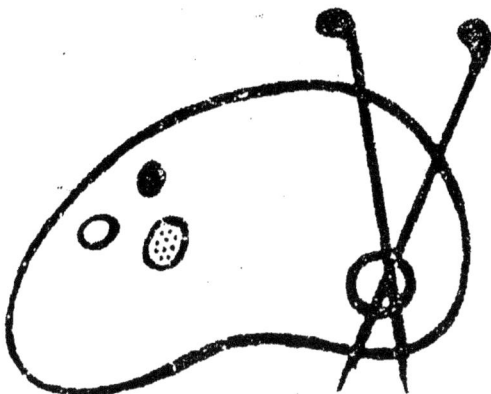

Original en couleur

NF Z 43-120-8

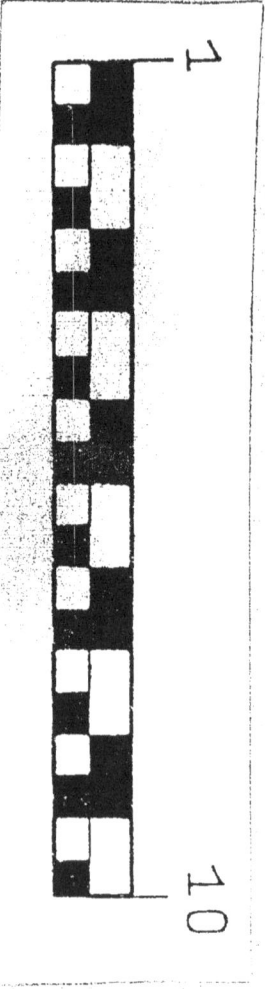

MIRE ISO N° 1

NF Z 43-007

CONTRÔLE :

AFNOR
Cedex 7 92080 PARIS LA DÉFENSE

BIBLIOTHÈQUE NATIONALE

CHÂTEAU
de
SABLÉ

1984

www.ingramcontent.com/pod-product-compliance
Lightning Source LLC
Chambersburg PA
CBHW060801110426
42739CB00032BA/2347